CHARLY HÜBNER
MOTÖRHEAD

Charly Hübner über MOTÖRHEAD
oder Warum ich James Last dankbar
sein sollte

KiWi MUSIKBIBLIOTHEK

Noch mehr Lesespaß mit der Playlist zum Buch:
www.kiwi-verlag.de/playlists

Er gaukelt
Und schaukelt,
Er trappelt
Und zappelt
Auf dem Stuhle hin und her.

DR. HEINRICH HOFFMANN – »DIE GESCHICHTE VOM
ZAPPEL-PHILIPP« / »DER STRUWWELPETER«

Mix mir einen Drink
Der mich woanders hinbringt

FEELING B – »MIX MIR EINEN DRINK«

*Dies ist ein Traum.
Manches fand so statt.
Manches so ähnlich.
Manches gar nicht.
Die Figuren ähneln Menschen,
denen ich in den Jahren 1977–1987
tatsächlich begegnet bin.
Sie sind es aber nicht.
Dem Teufel und Lemmy Kilmister
bin ich bisher nicht begegnet.

**Es empfiehlt sich,
während der Lektüre des folgenden Textes
die zitierten Songs
so laut wie möglich zu hören.

Dezember 2009. Berlin. »Mauersegler« im Mauerpark.

Grandiose Geburtstagsparty. Der Saal bricht auseinander.

Freunde, Familie, Fremde! Alle da und noch viel mehr!

Quatschen, Trinken, Rauchen.

Tanzen, Fummeln, Jodeln.

Neun Stunden später, völlig abgefeiert, kriechen und schweben sie wieder in die eigenen oder fremden Betten.

Ich bleibe – Gastgebers Pflicht!

Schweiß, Rauch, Alkohol, müdes Parfüm!

Am Tresen knutscht ein Paar, das sich endlich gefunden hat. Daneben schläft der besoffene

Exfreund der Frau – tief und schief auf dem Barhocker hängend.

Ich setze mich zu ihm, kippe einen Jack & Coke in mich rein.

In diese dunkle, muffige Stille wälzt sich, wie das Kettenrasseln eines sich öffnenden Burgtores, ein altbekanntes Schrammeln und Dröhnen aus den Boxen in den Saal.

Der verbliebene Rest von elf Leuten erwacht aus komatösem Dösen. Zöpfe werden geöffnet, Jacken abgestreift. Das Pärchen am Tresen verschiebt das Liebesspiel auf später, und wie von einer höheren Macht befohlen, beginnen wir im grandiosen Getöse zu zucken und zu wiegen.

Hin und her. Vor und zurück.

Köpfe hoch, Köpfe runter.

Eine der traumwandelnden Damen schleppt von irgendwo aus dem Dunkel einen roten Scheinwerfer an, stellt ihn auf den Boden, und aus dem abgestandenen Partysaal wird ein Höllentor, vor dem, wie von tausend Taranteln gestochen, schwarze Schatten im roten Schein um ihr Leben zappeln.

Playing for the high one, dancing with the devil
Going with the flow, it's all a game to me

Sieben Mal erklingt die Hymne aller Hymnen,

Sieben Mal wirbeln wir unsere Köpfe,

Sieben Mal schmeißen wir unsere trunkenen Körper in den dröhnenden Lärm.

And don't forget the Joker!

Dann sacken wir müden Trinkerinnen und Trinker lallend lachend und völlig entseelt auf den Boden, danken Lemmy, dem Gandalf des Rock 'n' Roll, für den elektrischen Gnadenstoß zur Nacht, und ich frage mich: Wie konnte ich das vergessen?

The Ace of Spades!

1

Die Zeit rast und das kleine Licht des Lebens juckelt wie ein Vorortzug unaufhaltbar dahin.

Vieles bleibt, einmal erlebt, im Staub des Vergessens zurück.

Anderes hat es entweder heimlich oder aber mit viel Brimborium in den Erinnerungswaggon am Ende des Zuges geschafft.

Und manches hat sich, wie Käfer und Spinnen, bedingungslos in den Gängen der kleinen Bimmelbahn »Leben« eingenistet.

Blind Passengers! Always on your side!

Neben der unbestreitbaren Herrlichkeit der paradiesischen Natur des Mecklenburger Südens und der Erfahrung eines ideologischen und seelischen Heimatverlustes durch das Ende der DDR sind es zarte und grobe, kurze und lange Anekdoten und vor allem Texte, Musik, Filme und Räusche, die den Lack der Waggonwände und die Luft in den Gängen für alle Zeit gestalten und beleben.

Da tönen grelle Pionierlieder gegen den einjährigen Leserausch von Dostojewskis »Schuld und Sühne«, »Der Idiot« und »Die Brüder Karamasow« an.

Charles Bukowski betrachtet andächtig grinsend Goyas »Maja«. Bruce Willis und Sylvester Stallone beschweren sich, weil Samuel Beckett sie in einen Kokon eingewoben hat, damit er mit Stanley Kubrick in Ruhe Schach spielen kann, während Tschechow und Catherine Deneuve amüsiert Champagner schlürfen und den unerbittlichen Humor-Kaskaden von Monthy Python lauschen.

Der zersplitterte Billardqueue, die hysterische Trophäe des ersten harten Haschischrauschs in einer Amsterdamer Nachwendenacht, tanzt hysterisch zu den Moritaten des großen Tom Waits, und Marlon Brando irrt als Don Corleone verloren über die Rampe der Berliner Volksbühne, wo Frank Castorfs »Dämonen« sich küssen und schlagen, saufen und langweilen und zu Gustav Mahler Tango tanzen.

Doch kurz vor dem Speisewagen meines kleinen Lebenszuges haben sich ein paar Desperados eingenistet, die den Gang komplett versperren.

Man muss über sie steigen, um weiterzukommen, und jeder Versuch wird lachend und johlend kommentiert.

Diese knurrende Rasselbande ist die Band Motörhead. Sie geben zu allem einen Kommentar ab, singen und jaulen, wann immer ihnen danach ist. Und ihnen ist immer danach.

Bis auf eine kurze Zeit zu Anfang des laufenden Jahrhunderts, in der ich versuchte, mich mit Elektronik und Hip-Hop zu befassen, hörte und höre ich ihre Lieder.

Ich muss lachen und grinsen, wenn ich sie in den Gängen sehe, und wenn sie anfangen zu spielen, will ich toben und rasen, flüstern und schreien.

Sie halten mir die Welt auf Abstand.

Warum? Das weiß nur der Teufel!

Und so bleibt uns nur eins: Wir müssen zum Teufel gehen und schauen, ob er gewillt ist, uns zu erzählen, wie das denn alles so kam.

2

Der Teufel und ich treffen uns wie immer morgens gegen neun am Teufelsstein im Hullerbusch im fernen Süden Mecklenburgs. Man schlägt mit einem Hammer sechsmal auf den riesigen Findling, dann wartet man eine knappe halbe Stunde, und in der Regel kommt er dann aus irgendeinem Winkel des Waldes angestakst. So auch heut.

Es raschelt hinter mir, ich drehe mich um, und da steht er auch schon, mit seinen prächtigen sechs Metern Körpergröße. Er hat sich natürlich gar nicht verändert. Knochig und knorrig hinkt er gemütlich heran, setzt sich auf den Findling und nimmt seinen modrigen Zylinder vom Kopf. Dann schüttelt er sich und seine langen rotschwarzen Rastazöpfe, die wie riesige Pferdepeitschen über den Mecklenburger Waldboden sausen, und kichert wie eine knarzende Schuppentür.

»Min Jung, dat du mal wieder klönen kommst.

Dat is een Grund zur Freud'. Sag an, wat treibt dich her?«

Ach, herrlich! Diese warme Stimme mit rollendem »r«, die alle Last von mir nimmt. Das ist mir doch sehr heimatlich vertraut.

Ich berichte ihm von Zeiten und Winden und davon, dass ein deutscher Buchverlag mich darum gebeten hat, etwas über Motörhead zu erzählen, also, über Motörhead und mich! Und dass ich daher mal wieder ins dunkle Gestern schlittern will, um zu verstehen, warum und wie die Motörheads es geschafft haben, sich über alle Mauern hinweg in mein Herz und in mein Hirn zu spielen, und warum sie gar nimmer mehr verschwanden.

»Und nu denkst du, ik hab allwieder Zeit, mit dir in din Leben rinzukieken? Für ein Buch über diese Rockerbande? Die Welt braucht min Zeit für ganz andern Kram!«, grummelt er streng.

»Naja, wäre jetzt nur ein halber Tag!«, versuche ich sanft einzuschränken.

Er schärft seine langen Teufelskrallen am Stein und beginnt sich seinen Kopf zu massieren.

»Carsten, min Jung, dat war man bannig viel. Da kam eens zum andern!«

»Schon klar. Aber was, wann, wie?«

»Dat is all nich so einfach, wie du denkst! Din Muddern hat von mir so 'n bisschen Deibelsblut mitgekriegt und din Vaddern auch! Die waren beide keen Kinder von Traurigkeit! Und so hatten wir von Anfang an auch bannig Spaß mit dir. Dat war wat!«

Er steht jetzt auf und schüttelt seine Teufelsmähne. Ich gehe beiseite, um nicht von einer seiner heißen Strähnen erwischt zu werden. Dann wickelt er die Rastamähne zu einem hohen Teufelshaarturm zwischen seinen Hörnern, setzt seinen klingenden Zylinder obenauf und besteigt den Teufelsstein. Er sieht sich im Hullerbusch um. »Ach! Is dat nich herrlich hier?« Er brummt genüsslich vor sich hin.

»Ja, besser geht's nicht!«, antworte ich, immer noch in der Hoffnung, dass er mir helfen will. »Der Wald, das Moor, die Steine, die Seen, die Stille!«

»Naja! Woll'n mal nich übertreiben, ne?« Er kichert. »Die Motörheads waren ja immer große Spaßmacher. Die haben mir stets gut Laune gemacht! Dat is een gut Idee! Wir machen mal 'nen Törn in die wilden alten Tage!«

Und eh ich mich jubelnd bedanken kann, fährt sein langer, knorriger roter Arm herunter, um mich mit seinen schwarzen Krallen am Hals zu packen.

»Festhalten!«

Er setzt mich neben seinen Buckel und erklimmt wie eine Echse die nächstbeste Buche bis in den Wipfel.

»Nu geht dat los!«

Ich klammere mich an die wurzelknotigen Fasern seines Halses und dann setzt er zu einem Smasher-Sturzflug in den Zansen an. Das ist der mystischste See meiner Heimat und es heißt, in ihm schlummern alle Geheimnisse. Man sagt, der Zansen ist des Teufels Pfand im Spiel der Zeiten.

Wir stürzen wie ein Meteorit in den See. Es rast um mich, mein Herz rast auch, und dann verschwinden wir im Rauschen und Tosen der Zeitenschleuder. Ich spüre den heißen Wind des Teufelsrittes, und außer einem einzigen vielfarbigen Lichtstrahl, der mich sanft blendet, kann ich nichts erkennen.

3

I'm ridin' on the Thunderchief, spit in the devil's eye. No force on Earth can stop me now, like to see 'em try. Hey, hey, ridin' with the Driver! – Es trällert in meinen Ohren, und passenderweise haben sich Motörhead in unseren Teufelsflug eingeloggt, um den Soundtrack zu liefern.

»Ridin' with the Driver« vom 1986er Album »Orgasmatron« ist einer meiner Top-5-Songs. Er rast, er ist albern, er will getanzt werden. Er ist hingerotzt und präzise zugleich und Lemmys krächzendes Lachen am Ende ist einer der lustigsten »Alles egal«-Lacher der Musikgeschichte.

Dreckig, ironisch, selbstsicher, glücklich!

»Als din Muddern un din Vaddern die Liebe fanden, da wollt ik eben auch dir een bisschen Deibelsblut mitgeben. Dat war man besser!«, krächzt der Teufel über die Schulter.

»Was war denn daran besser? Wer weiß, was mir erspart geblieben wäre?«, rufe ich in sein Ohr.

»Die Leute ohne Deibelsblut kommen fixer unters Rad der Zeiten un sie haben keen Humor. Aber du hast von Anfang an alle auf Trab gehalten un bist immer dreimal schneller gerast als all die andern Gören.«

Und während er das sagt, landen wir in einem sehr kleinen Dorf vor einem sehr alten ziegelroten Bauernhaus.

Es regnet entsetzlich.

4

Die ersten Jahre meines Lebens verbrachte ich im Hotel meiner Eltern, mit Verwandten am See und eben hier im Kindergarten in diesem sehr alten Bauernhaus in dem sehr kleinen Dorf.

Wir waren sieben oder elf Kinder, wir spielten im Hühnerhof, wir versteckten uns in einer uralten ausgehöhlten Eiche auf dem benachbarten Acker, und im Winter rutschten wir über den zugefrorenen kleinen Tümpel, der von Weiden umsäumt war. Ein Bauer soll da mal besoffen mit dem Fahrrad reingefahren sein und galt seitdem als verschollen. Es hieß, er sei von den Blutegeln geholt worden, die in großen Massen das Gewässer durchkreuzten und die auch uns holen würden, wenn wir auf die Idee kämen, darin zu baden.

Dass solch ein Warnung immer eine indirekte Einladung ist, versteht sich von selbst, aber es dauerte noch eine Weile, bis der Drang, in den Tümpel zu hüpfen, größer wurde als das Schreckensbild der alles fressenden Blutegel.

Bis dahin taugten die Wanderungen durch die Felder und Wälder rings um das kleine Dorf, um allerlei Mutproben auszuprobieren. Wir bewarfen uns mit herumliegenden Kartoffeln, die manchmal auch Steine waren. Wir erkletterten alle möglichen Bäume, so hoch, dass die Wipfel schwangen, jagten Rehe und Hasen, pinkelten an den elektrischen Zaun der Pferdekoppel, um zu testen, ob man den Strom spürte.

Wir waren immer draußen, immer!

5

Auch an diesem Tag, den der Teufel im Zug der Zeiten aufblättert, dem 24. September 1977, wie das Kalenderblatt des Abreißkalenders in der kleinen Küche verrät, soll wieder gewandert werden. Die große warmherzige Erzieherin in Kittelschürze ruft gerade alle Kinder zusammen.

Nach und nach tapsen die ganz kleinen und mittelkleinen Mädchen und Jungen zur Tür, um sich anzuziehen.

Im großen Spielzimmer hinten am Fenster zum Hühnerhof steht ein kleiner blonder Junge in einer braunen Fellweste mit Sheriffstern auf einem Stuhl und erzählt wild brabbelnd den anderen Kindern, was bei den Hühnern grad so los ist. Dabei springt er immer wieder vom Stuhl, fasst sich hektisch mit beiden Händchen an den Kopf, den er unentwegt schüttelt, um dann wieder auf den Stuhl zu steigen, damit er besser sehen kann, welcher Hahn mit welcher Henne gackelt.

Das bin ich mit fünf.

Als mein Name laut gerufen wird, springe ich vom Stuhl, rase zur Tür, hüpfe dort ungeduldig auf der Stelle, und nachdem Jacke und Schuhe endlich angezogen sind, drängele ich in den Flur und eile nach draußen.

Das Wasser fällt in heftigen Strömen hernieder.

Erst sollen wir Kinder uns vor dem Regen in der ausgehöhlten Eiche verstecken, dann gibt es ein Fangspiel, in Richtung des alten Friedhofs, wo wir im Schutz einer Allee nicht komplett nass werden.

Der Regen lässt nach, und wir wackeln in unseren klitschnassen Regenjäcklein zum großen Buchenwald.

Der Weg, vorbei an zerfallenden Ziegelsteinmauern und maroden Feldsteinscheunen, ist zweispurig und die Rinnen der Traktoren und Kutschen sind sehr tief, teilweise so tief, dass wir Zwerge nur noch zur Hälfte zu sehen sind.

Aus dem kindlichen Gequatsche und Geprahle ergibt sich eine Mutprobe: Wer wirft sich freiwillig mit voller Wucht in die mächtigen Wasserpfützen auf dem Landweg?

Nur zwei von uns wollen es wagen.

Der blonde Struwwelkopp Hennsen und ich.

Rollo der Lange und Conni die Wilde versuchen plärrend, uns davon abzuhalten, während Pudel der Schüchterne zur Erzieherin rennt, um ihr ganz aufgeregt unsere Pläne zu verpetzen.

Zu spät!

Mit vollem Karacho rennen Hennsen und ich auf zwei riesige Pfützen zu und werfen uns in die milchkaffeebraunen Fluten. Wir lachen aus vollen Kehlen, während wir im Wasser planschen und die anderen jubeln oder empört kreischen.

Rennen und Johlen!

Fliegen und Planschen!

Wälzen und Lachen!

Die Erzieherin donnert Zurechtweisungen. Triefend stehen wir vor ihr.

»Wenn ihr das noch mal macht, kommt ihr auf den Dachboden! Ohne Essen! Ohne Licht! Und dann holt euch der Teufel!«

6

»Dat hätt sie nich sagen soll'n!«, sagt der Teufel grinsend zu mir. »Du warst fuchsdeibelswild. Immer hitzig un zappelig. Un wenn man dir dann was von Verbot sagte, dann hast du Hörner gekriegt un erst recht dat getan, wat man dir verboten hätt. Dann hast du all vergessen und den dollsten Deibelskram gemacht, der dir je in den Sinn kam.«

Und so setzte ich mir auch an jenem Tage im Jahre 1977, als in Großbritannien die Firma Chiswick Records eine Schallplatte mit dem Titel »Motörhead« veröffentlichte, mit meinen beiden kleinen Zeigefingern die Hörner auf und stürzte mich

viele weitere Male in die vollgeregneten Wasser-
mulden der Mecklenburger Bauernpfade.

Drei Mal, sieben Mal, elf Mal!

Der Blick zu den Pfützen im Rennen.

Der Blick gen Himmel im Wasser.

Die kreischenden Gesichter der Kinder.

Den Rest des Tages verbrachte ich, wie ange-
kündigt, in Handtücher gewickelt allein auf dem
Dachboden des sehr alten Bauernhauses.

Ich durfte nicht mit den anderen spielen.

Ich bekam kein Essen.

Und es war so gut wie stockdunkel.

Es fehlte nur noch der Teufel!

1

Das mit dem Teufel war seinerzeit für mich eine
komplexe Angelegenheit. Man erzählte uns viele
Schreckensgeschichten: dass er mit Findlin-
gen nach Müllern und Bauern werfe, dass er des
Nachts auch gern mal ein Haus in Brand stecke, da
er ja auch der Herr der Blitze sei und so das Getöse der Gewitter nutze, um den Menschen das
Leben schwer bis unmöglich zu machen. Doch

ich konnte mir in meinem Hitzkopf einfach nicht vorstellen, dass so etwas wie der Teufel wirklich echt sein könnte. Wenn Lemmy in »Boogeyman« singt: *I ain't scared, live my life allright, I ain't scared to stand and fight, I ain't scared 'cos I believe, ain't scared to wear my heart on my sleeve,* entspricht das also ziemlich präzise der kindlichen Hybris, mit der ich an diesem Tag im Dachstuhl des Kindergartens den Teufel erwartete.

Doch im Dunkeln gab es einiges, das einem Angst machen konnte. Es knarzte und krabbelte wild und raschelnd um mich herum, und irgendwann schlich das Gejaule und Gezischel des Dachstuhls und das Brummen der Dielen in meine bibbernden Knochen, und ich kroch schlotternd in die hinterste Ecke und erwartete des Teufels Strafe. – *But I'm scared of the boogeyman. You can't boogie with the boogeyman, hold out any way you can, but don't mess with the boogeyman.*

Aber glücklicherweise ist an diesem für Klein-Carsten so heldenhaften Pfützen-Tag der Boogeyman, der Bi-Ba-Butzemann, der mit mir einen Boogie-Woogie hätte hinlegen sollen, ist also der Teufel gar nicht erst erschienen!

»Warum eigentlich nicht?«, frage ich sehr einfältig meinen roten Reiseleiter.

»Warum hätt ik solln? Ik wollt ja, dat du Mist baust! Wer keen Mist baut, hat keen Ernte! Und wer keen Ernte hat, der hat nix zu futtern!«

Der Teufel weiß, worauf es ankommt.

Mist und Ernte!

Fliegen und Wälzen!

Kreischen und Lachen!

»Du hast dat ganz früh kapiert in din Leben! Wenn du wat tun willst, musst du dat tun un dann kieken, wat passiert! Rock and Roll!«

»Ja, ist ja sonst langweilig!«

»Min Reden! *I'm in love with Rock 'n' Roll, it satisfies my soul* – dat singt Lemmy doch im Song ›Rock 'n' Roll‹.«

Der Teufel beeindruckt mich immer wieder mit seinem Allwissen.

»Aber nu lass man weiterziehen. Ik hab ja nu nich ewig Zeit un wir haben grad mal angefangen.«

Und er packt mich mit seiner Teufelsfaust, rennt mit irrsinnigem Tempo auf die ausgehöhlte Eiche

zu, springt rein, und das Rauschen der Zeiten bläst
mein Hirn auf.

9

Übrigens: An einem Junitag kurz vor meiner Ein-
schulung, als klar war, dass die Tage im alten Bauernhaus bald zu Ende gehen würden, fassten sich
Hennsen der Struwwelkopp, Rollo der Lange und
ich endlich ein Herz und beschlossen zu schauen,
ob der Tümpel wirklich voller Blutegel war.

Wir zogen unsere Klamotten aus und spran-
gen in das Meer aus Blutsaugern. – Rock'n'Roll! –
Aber der Tümpel war nur sehr flach. Wir landeten
mit den Hintern direkt auf dem Grund. Das Wasser war trübe und stank nach Gülle, der Boden
war von Enten- und Gänsekot vollkommen aufge-
weicht, aber weit und breit gab es keinen einzigen
Blutegel. Enttäuscht, aber auch erlöst stiegen wir
stinkend und triefend aus dem Tümpel, und außer
dem trunkenen Bauern Henk, der kopfschüttelnd
an uns vorbeiradelte, hatte kein Mensch unsere
Mutprobe zur Kenntnis genommen.

Im heißen Flugwind der Zeiten wird mir auf einmal übel.

Ich versuche, den Kopf auf des fliegenden Teufels Schulter abzulegen und kurz die Augen zu schließen. Anscheinend todmüde, falle ich sofort in einen tiefen Schlummer.

Sunrise, wrong side of another day, sky high and six thousand miles away, don't know how long I've been awake, wound up in an amazing state. Motorhead, you can call me Motorhead, alright! – Die Speed-Hymne, die alles entscheidende Würzel dieser einzigartigen Band, drängt durch eine heftige Oszillation ins Bewusstsein meines Traumhirns.

»Motorheads«! Leidenschaftliche Dauerkonsumenten amphetaminhaltiger Drogen. Auch genannt: »Speedfreaks«!

Als spätes DDR-Kind ist Speed mir erst untergekommen, als die wenigen, aber entscheidenden Plätze im Rauschministerium meines Hirns bereits an das Trio Nikotin, Koffein und Alkohol vergeben waren. Sicher hat es da auch mal Verirrungen gegeben und das eine oder andere Suchtmittel ergatterte sich vorübergehend einen Platz im Triumvirat der Nebel, aber Speed war tatsächlich nur mal kurz zu Besuch.

Umso beeindruckender ist für mich der immer wieder berichtete Report, dass seit den Tagen, in denen dieser Song als Ausdruck eines wilden Lebenswandels im Kopf des obersten »Motorhead« Ian Fraser »Lemmy« Kilmister wie ein nebenbei erzählter Witz für seine damalige Space-Rock-Band Hawkwind aufgeploppt war, selbiger für den Rest seiner Lebenszeit jenes Speed täglich konsumierte, bis ins hohe Rentenalter – was bei ihm als solches nicht galt, da er nicht in Rente ging, bevor er für immer ging –, er es aber, wie vertraute ehemalige Mitarbeiter berichten, immer nur gegessen hat, nicht geschnieft oder sonst was, nein: immer nur gegessen, in all den Zeiten seiner wilden Lebensreise, während er den Song »Motorhead« mit seiner Band Motörhead immer wieder zum Besten und zum Bersten gab und damit uns, der wild gewordenen Rasselbande von Anhängern, uns bleiche, schief grinsende Kasperköpfinnen und Kasperköpfe dazu brachte, wie verstrahlte Bienen und Wespen, Hummeln und Hornissen um unsere eigene Achse zu fliegen, immer schneller werdend, bis sich unsere Köpfe zu riesigen, sanft schimmernden Kürbislampions aufblähten, die wie an Halloween von innen zart leuchteten und nach außen grimmig grinsten – ein kollektiver doppelter Speed-Rausch also, angetrieben vom Herrn Kilmister und seinen Motörhead-Genossen, der genau in dem Moment, in welchem unsere Kürbis-Kopf-Lampions zu fliegen begannen, ernüchternd endete, da diese Band Motörhead diesen Hawkwind-Song »Motorhead« schlicht und schnöde ausklingen ließ und wir nun, allein gelassen im Speed-Strahl, wie ein schwarzes Loch implodierten und von da an süchtig darauf warteten, wieder aufs Neue in die Mangel genommen zu werden, damit unsere nun wirklich sehr laschen, ausgetrockneten und hohlwangigen Gesichter im orangefarbenen Himmel des ewigen Sonnenunterganges an der fernen Westküste Kaliforniens, der Wahlheimat dieses Mister Kilmister, wieder erleuchtet würden und erneut zu fliegen begännen ...

Es stinkt.

Mein Kopf hämmert von innen.

Es riecht nach Benzin.

Das Auto, in dem ich sitze, kreischt furchtbar schrill. An meiner Schulter liegt der Kopf meines schlafenden Bruders, das Gesicht meiner im Kindersitz dösenden Schwester liegt zerknautscht an der gegenüberliegenden Autoscheibe. Wir sitzen im Fond unseres Familienautos, einem vom Vater Taiga-Wanze getauften Saporoshez. Ein rapsgelbes sowjetisches Auto in der Größe eines Trabants, mit Motor hinten und Kofferraum vorn.

Wir fahren gerade durch Mecklenburger Weiten und aus dem roten Monorekorder auf dem Schoß meiner Mutter ertönt in greller Plärrigkeit »Biscaya« vom nordwestdeutschen Arrangeur-Guru James Last. Der Vater dirigiert mit seiner rechten Hand das imaginierte Orchester in den Feldern Mecklenburgs. Er trällert beseelt die sanft gleitenden Melodien, die eindeutig zu Herzen gehen sollen. Die Mutter isst ein belegtes Brot.

Der Vater unterbricht sein Singen: »Mach doch bitte mal ein bissl lauter!«, um noch beherzter mitzuträllern. Die Mutter dreht das Lautstärkerädchen auf neun, summt tief und schief mit.

Ich schrecke entsetzt auf. Ich sitze in einem sehr übel ausgewählten Zeitmodul. Ich drehe mich um und suche den Teufel. Mir ist speiübel. Wo ist er?

Mein Kopf lag doch gerade noch auf seiner Schulter. Wie bin ich hier gelandet? Scheinbar spinne ich. Oder es ist eben doch nur ein schlechter Traum? Ich versuche meinen Exit-Dream-Trick, den ich immer anwende, wenn ich schlecht bis grauenhaft träume.

Ich brülle: »Alles nur ein Traum!«

Nichts passiert. Normalerweise generieren die Neurone des Thalamus jetzt Salven, die mein Hirn in den Wachzustand zwingen. Aber es ändert sich gar nichts! Es ist entsetzlich. Und vom Teufel weit und breit keine Spur.

»Biscaya« geht schleichend zu Ende, und es folgt »Anita« von Costa Cordalis. Gleichzeitig rollt die Taiga-Wanze – die der Vater auch Taiga-Porsche hätte nennen können, wenn er gewusst hätte, was ein Porsche ist – laut kreischend in ein Mecklenburger Dorf. Das stellt man sich jetzt vielleicht schön vor, ist es aber nicht, denn wir sind irgendwo in den Achtzigern und zu dieser Zeit waren die Straßen in den meisten Dörfern meiner ach so schönen Heimat mit sehr alten Katzenkopfsteinen gepflastert, was dazu führt, dass zusätzlich zu dem Kreischen des Autos und dem Geplärre aus dem Monorekorder jetzt auch noch heftige Schüttelungen und Rüttelungen einsetzen, die unsere jungen Körper im Fond des Russentrabis malträtieren. Aber die Krönung des Ganzen ist der scharfe, alles umfassende Benzingestank, der durch die Schweißnähte des Saporoshez in unsere Hirne kriecht. Der Tank des sowjetischen Kleinwagens blubbert genau unter unserer Sitzbank.

Ich versuche, meinen Bruder zu wecken, aber ihm scheint es bereits sehr schlecht zu gehen, er rührt sich gar nicht, und auch meine kleine Schwester reagiert nicht, als ich versuche, sie wach zu rütteln.

Der Vater weist derweil auf die ach so tolle uralte Dorfkirche hin, an der wir gerade vorbeirasselseln, während die Mutter die Kassette umdreht, auf dass die bunt-fröhliche Unterhaltungsmusik weiter- und weitergehe. Mit dem schwungvollen »Fiesta Mexicana« von Schmusekönig Rex Gildo setzt in meinem Hals ein Würgereiz ein.

Wo zum Teufel ist der Teufel?

Ich brülle: »Fenster auf! Macht bitte das Fenster auf!«, aber meine beseelten Schlagereltern reagieren null Komma null. Wir verlassen das Dorf und kreischen im rapsgelben Taiga-Porsche an rapsgelben Riesenfeldern vorbei. Mir ist elendig schlecht.

»Hossa, Hossa, Hossa!« – Gleich kotze ich. – »Fiesta, Fiesta Mexicana!« – Ich ringe nach Luft. – »Und schon wird es hell, denn der Morgen ist nah!« – Nah ist eher mein Ende, meine Lungen füllen sich gerade mit Hektolitern Benzingas. – »Und ich küsse Carmensita!« – Ich kann mich nicht mehr beherrschen. – »Denn ich weiß, die Stunde des Abschieds ist nah« – meine Worte! In mir schießt ein Schwall hoch, ich beuge mich vor – »Adio, Adio Mexico!« – Mexico, so ein schönes Land! Es kracht. – »Ich komme wieder« – Fahrtwind – »zu dir zurück!« – Ich werde durch die Luft geschleudert und lande auf dem Dach der sowjetischgelben Familienkutsche.

12

Neben mir sitzt der Teufel und grinst. Der Saporoshez fährt fröhlich schunkelnd weiter durch die verwunschene Frühlingslandschaft Mecklenburgs. Unter uns übernimmt gerade die goldene Stimme aus Prag, des Herrgotts Karel, den Staffelstab der guten Laune und stimmt seinen Welthit »Babička« an.

»Was machen wir hier?«

»Wir kieken uns din Grundstein an!«

»Meinen Grundstein?«

»Präzis!«

»Was ist denn bitte schön mein Grundstein?«

»Dat is dat, wat zuerst da war! Wat dich geplagt hat.«

»Wat mich geplagt hat? Da fallen mir aber noch ganz andere Dinge ein. Schlagermusik ist jetzt nicht mein Ding, aber doch nicht der Kern meiner Sorgen.«

»Du weißt mal wieder alles besser, Dr. Alles-wisser! Natürlich is dat der Kern von din Wut. Da kommt dat her! Ik werd dat wohl wissen. Better than you! Als lütter Jung hast du all dat Schunkeln un Gakeln mitmacht. Aber ab din 11-ten Jahr hast du Riesenkrawall gemacht, wenn din Muddern un din Vaddern schunkeln wollten.«

So! Die Sonntagsfahrten im Saporoshez waren quasi der Höhepunkt eines groß angelegten Sonntagsrituals.

Der Mensch braucht Rituale! Rituale schaffen Struktur im Chaos des Seins, so heißt es.

Und so leben zu allen Zeiten und an allen Orten dieser Erde die Menschen durch Rituale mit Ritualen in Ritualen.

Und so auch die Eltern. Und so auch wir Kinder.

Und ganz besonders ritualisiert war bei uns eben der hochheilige Sonntag.

Der Tag begann mit einem großen Familienfrühstück mit Rührei und Schinken, Weißbrot und Erdbeermarmelade, Brathering und ungarischer Salami.

Der Vormittag galt dem Frühschoppen des Vaters mit den Nachbarn, gefolgt vom erlesenen Sonntagsbraten mit Gemüse und Kartoffeln.

Nach der Mittagsruhe der Eltern und der sich anschließenden Kaffee-und-Kuchen-Tafel folgte dann quasi als Höhepunkt des siebten Tages die zwei- bis dreistündige Sonntagsfahrt im Saporoshez. Eine Landpartie durch die drei Nordbezirke der DDR – Neubrandenburg, Rostock und Schwerin. Und der Soundtrack dieses elterlichen Glücksrausches waren Blasmusik, Schlager, Hits aus den westdeutschen Hitparaden. »Anita«, »Fiesta Mexicana«, »Santa Maria«, Udo Jürgens, Regina Thoss, Pößnecker Musikanten und vor allem James Last. »Biscaya« – immer wieder »Biscaya«.

»Biscaya«, »Biscaya«, »Biscaya«!

Aber am übelsten in vielerlei Hinsicht waren die Benzingase, die durch die löchrigen Schweißnähte des Tanks in unsere Nasen krochen. Schon die Ankündigung einer neuerlichen Sonntagsfahrt löste bei uns Kindern Würgereiz, Kopfschmerzen und Augenjucken aus.

So weit, so wahr!

Aber warum hat der Teufel mich hierhergeschleust? Schließlich sind wir auf der Suche nach Motörhead. Nach Motörhead und mir.

Das ist doch keine Autobiographie, geschweige denn eine Autofiktion. Das ist doch nur ein Buch.

»Dat is wohl richtig, aber dat hier is din Grundstein für all dat, wat nu kam.«

Er reißt seine Augen weit auf und zeigt bedeutsam mit dem rechten Zeigefinger nach unten.

14

Der gelbe Saporoshez bremst scharf am Rand eines blühenden Rapsfeldes.

Die Fahrertür wird aufgerissen, mein Vater springt aus dem Auto: »Du verdammter Bengel! Kannst du nicht rechtzeitig Bescheid sagen? Guck, was für einen Mist du angerichtet hast.« Sein Oberhemd und Teile seiner Hose sind voll mit frisch Erbrochenem.

Ich krieche auf allen vieren aus dem vermeintlichen Taiga-Porsche heraus, huste heftig und jammere vor mich hin. Auf der Beifahrerseite springt meine Mutter heraus. Sie huscht eilig mit einem Küchenhandtuch herbei. Sie setzt sich zu mir und wischt mir mit kräftigen Zügen über den Mund. Brüderlein und Schwesterlein gucken erschrocken durch das beschlagene Fenster. Im Auto dudelt »Ich weiß, was ich will« von Udo Jürgens, Lieblingssänger meiner Mutter.

»Bist du von allen guten Geistern verlassen?

Willst du uns mal erklären, was der ganze Blödsinn soll? In drei Teufels Namen – was ist in dich gefahren? Was ist das für ein Kindergarten mit dir?«, schimpft mein Vater auf mich ein. »Los! Raus mit der Sprache! Du verdammter hochnäsiger Rotzlöffel. Entschuldige dich bei mir. Und bei deiner Mutter. Und bei deinen Geschwistern auch! LOS JETZT! LOS! DU SOLLST DICH ENTSCHULDIGEN! MACH ENDLICH!«

Ich wehre die lieb gemeinte Wischattacke meiner Mutter heftig ab, rappele mich auf, stampfe schreiend auf den Boden, kreische entsetzlich hoch »HOSSA, HOSSA, HOSSA, HOSSA, HOSSA, HOSSA, HOSSA, HOSSA, HOSSAAAAA!«, schiebe die Mutter zur Seite und renne ins Rapsfeld. »ADIO! ICH WILL EUCH NIE WIEDER SEHEN!«

Die Mutter geht zu Boden, der Vater schaut erstaunt hinter mir her.

»Jetzt haut der Bengel auch noch ab! Der versaut uns den kompletten Sonntag. Was hast du denn mit dem angestellt, dass der so spinnt.«

»Carsti, jetzt komm doch zurück!«, ruft meine Mutter hilflos.

Aber ich verschwinde am anderen Ende des Rapsfeldes in einer Böschung am Ufer des Breiten Luzins, dem hellsten See meiner Heimat.

Mein Bruder läuft los, um mich zu suchen, die Mutter stolpert schluchzend hinterher. Schwesterlein sitzt in ihrem Kindersitz und patscht mit der kleinen Hand an die Fensterscheibe. »Mama?«

Nur der Vater bleibt am Auto und wischt mit dem Küchentuch die Reste des Erbrochenen von seiner Kleidung.

»Ich weiß, was ich will, dass jede Nacht für uns zum Karneval wird«, beschwört Udo Jürgens eine ewige Liebe. Der Vater schaltet genervt den Monorekorder aus und stellt sich in den Raps.

Stille. Der Nachmittag strahlt.

Brüderlein verliert meine Spur, die Mutter auch. Beide stehen hilflos im Feld. Da ruft der Vater: »Abfahrt! Wir fahren nach Hause. Ich hab' die Faxen dicke. Kommt! Einsteigen!« Er setzt sich in den Sapo, startet den Motor, hupt dreimal und wartet.

Mutter und Bruder können es nicht recht glauben, zögerlich gehen sie zum Auto zurück, immer weiter nach mir Ausschau haltend, bis der Vater aus dem Auto ruft: »Er weiß ja, wo wir wohnen. Ist ja kein Kleinkind mehr. Kommt!«

Die Mutter wartet still weinend am Feldrand auf meinen Bruder, der, ebenfalls weinend, zurückkommt. Beide verschwinden in der gelben Benzingaskapsel namens Saporoshez, die der Vater nun vom Rapsfeld steuert, um ohne weitere musikalische Begleitung die Sonntagsfahrt abzuschließen.

15

»Die haben mich einfach zurückgelassen? Daran kann ich mich überhaupt nicht erinnern.«

Der Teufel und ich stehen jetzt am Rapsfeld, weit und breit keine Spur von mir.

»Du kannst dich an 93 Prozent von din Leben nich erinnern. Hier hast du angefangen, dich einzukapseln vor din Zorn und din Ohnmacht gegen den Schlagerkram.«

»Aha! Klingt ja sehr speziell! Und da bist du dir ganz sicher?«

»Ja! Bin ik. Ik bin din Deibel. Schon immer.«

Und er packt mich wieder mit seiner Riesenfaust, rast durch den Raps zum Breiten Luzin, und kurz bevor die Zeitenschleuder uns wieder durch die Zeiten schleudert, erhasche ich noch für drei Sekunden einen Blick auf mich, den kleinen Carsten, am Ufer sitzend, heulend und Steine werfend, bevor die Sirenen von »Emergency« erschallen.

16

Can't make out things they said, too many nights getting out of my head. Must be mad, must be blind, driving me crazy right out of my mind! Nine nine nine, emergency, emergency! – Aus dem gewaltigen Œuvre der »Geschwindigkeitsfanatiker« – eine deutsche Untertitelungsfirma brachte es wahrhaftig fertig, »Motörhead« mit »Geschwindigkeitsfanatiker« zu übersetzen – passt kein Song besser zu meiner derzeitigen Situation als »Emergency«.

Das 11-jährige Kind im Raps am See ist ein Notfall. Und mein alterndes Alter Ego ebenfalls, denn ich weiß nicht, was den Teufel gerade reitet. Aber er wird es mir sicher bald erklären. Wir haben ja nur drei Stunden Zeit.

»Emergency« jedenfalls ist eine der schönsten

Tanznummern unserer Speedesser und hat auch noch eine wunderbare Backstory. Diese handelt davon, dass Lemmy und seine Bande große Freude daran hatten, gemeinsam mit anderen von ihnen geschätzten Bands zu musizieren und zu feiern. Und eine sehr frühe Kollaboration war die mit Girlschool, einer reinen Frauenband, die sich fast zeitgleich mit Motörhead ins Meer der Stromgitarren begab und bis heute aktiv ist.

Lemmy lud sie seinerzeit als Vorband zur »Overkill«-Tour ein, und die Anekdoten, die Mitglieder beider Bands über Jahrzehnte in Interviews zum Besten gaben, handeln von Tagen ausgelassenstem Hedonismus.

»Emergency« ist eigentlich ein Song von Girlschool. Motörhead coverten ihn aus purer Bewunderung, ein halbes Jahr nachdem er auf »Demolition«, dem Debüt der Mädchenschule, erschienen war, und umgekehrt coverten die Schulmädchen den Klassiker »Bomber« vom gleichnamigen dritten Album der »Motorköpfe« – ich glaube, so hat den Bandnamen noch nie irgendwer ins Deutsche übersetzt: »Motörköpfe«. Hart.

Der frühe Höhepunkt dieser band- und geschlechterübergreifenden Kollaboration war die EP »St. Valentines Day Massacre« mit dem Chartbreaker »Please Don't Touch«, einer Coverversion von Johnny Kidd & the Pirates, die Lemmy Kilmister sehr bewunderte. Johnny Kidd trat als Pirat verkleidet auf und war somit auch ein frühes Vorbild für Lemmys Hang zu martialischen Kostümen. Die Rockerinnen und Rocker verpassten sich den sensationellen Bandnamen »Headgirl«, und da Phil »Animal« Taylor, der Drummer der Heads, sich bei einer Wette mit einem riesigen Iren den Halswirbel gebrochen hatte, musste Denise Dufort, die Drummerin der Girls, alle Songs auf der EP allein eintrommeln.

Bomber, Please Don't Touch, Emergency!

Motörhead, Headgirl, Girlschool!

Es ist ein wahres Vergnügen. Schlicht und schön!

Nun ja! Diese köstliche Petitesse aus dem langen Rockerleben der Londoner Kiesgrubencowboys hat wohl kaum zur Klärung der sich stapelnden Fragen beigetragen, die wir hier klären wollen, aber charmant und unterhaltsam ist sie allemal – *Nine nine nine, emergency!*

17

Der Ritt auf dem Zeitstrahl ist sehr warm, und zum Nachdenken kann ich mich wunderbar an des Teufels Buckel lehnen und dem Bilderrausch der Ewigkeit anvertrauen.

Ich hole mein Handy aus der Tasche und rufe meine wundervolle Frau an.

»Wie läuft's?« Sie klingt fröhlich.

»Ganz okay! Sind erst 'ne Dreiviertelstunde unterwegs.«

»Und, kann er dir helfen?«

»Nicht so richtig! Waren bis jetzt nur am Tümpel und im Raps.«

»Am Tümpel und im Raps! Aha!« Sie atmet belustigt aus. »Ich habe dir gesagt, dass er nix bringt.«

»Naja, mal abwarten! Grad musste ich kotzen, weil mir so schlecht war vom Benzingas im Auto meiner Eltern, und dazu lief ›Fiesta Mexicana‹. Er meint, hier begann meine Kapsel.«

»Was denn für 'ne Kapsel?«

»Naja, ab da hätte ich wohl irgendwie zugemacht und die Welt nicht mehr in mein Herz gucken lassen. Früh pubertierende Blockadepolitik praktisch! Aber so richtig kapiert habe ich es auch noch nicht!«

Sie kichert. »Wieso überlässt du ihm denn auch die Führung? So wird das nichts. Du musst ihn ganz konkret ausfragen: Warum du die Beatles scheiße findest, zum Beispiel. Oder warum man dir nicht einfach ein schönes melancholisches Lied vorspielen kann, ohne dass du es gleich mit Ironie, Parodie oder Verachtung strafst.«

»Naja. So schlimm ist es nun auch nicht.«

»Doch! Schlimm und arrogant!«

»Arrogant? Es erreicht mich einfach nicht. Ich finde die Beatles heiti-deiti-harmlos und vieles andere einfach langweilig.«

»Aber warum soll Musik denn immer verstörend sein? Ist doch auch völlig in Ordnung, wenn sie einfach schön ist und einen berührt!«

Da sagt sie was. Was meint eigentlich »schön«?

»Und jetzt musst du nicht gleich wieder anfangen zu grübeln, was ›schön‹ eigentlich meint. Schön ist, wenn was schön ist!« Einfach und gut! »Und Motörhead ist nicht schön. Es ist vielleicht lustig für dich. Und meinetwegen auch cool. Aber ich finde es meistens unpassend, weil man es einfach nicht nebenher laufen lassen kann, Liebster. Kollegin Sasa sagt, dass es total verstörend ist, wenn du morgens am Set schon Motörhead, Rammstein oder Tom Waits anmachst.«

»Aber diese Soul- oder R-'n'-B-Nummern gehen mir nicht zu Herzen und sind in der Regel auch sehr humorlos.«

»Kann sein! Aber Musik muss auch nicht immer nur lustig sein. Ich muss jetzt zur Probe. Wie lange macht ihr noch?«

»Höchstens drei Stunden, eher zwei. Ich komme heute noch rüber nach Hamburg.«

»Okay, dann bis nachher!«

»Ja, bis später. Ich ruf an, wenn ich hier losfahr.«

18

Der Teufel landet sanft wie eine Feder mitten im dunklen Wald unterhalb des Schloßbergs neben der Marienquelle. Es ist Nacht, also sehr dunkel, und der Mond präsentiert sich halb am Firmament. Ich sehe zum ersten Mal, dass der Teufel tatsächlich kleine Flügel hat.

»Die Wette hätte ich gewonnen!«

»Welche Wette?«

»Dass du Flügel hast. Es gab vor Jahren im Theater einen heftigen Streit darüber, ob der Teufel Flügel hat oder nicht. Ich war mir ganz sicher, weil ich es so in Filmen gesehen hatte, andere behaupteten steif und fest, der echte Teufel habe keine Flügel.«

»Ja, dat is man wieder so ein bannig Ding. Die Erzengel sollen immer schön sanft fladdern dürfen, aber wir gefallenen Engel nich! Dat hätt de Mensch wohl gern.«

»Wir?«

»Ja! Soll all euren Müll nur einer beackern? Nee. Nee. Wir sin zwei. Luzifer und ich.«

»Okay. Alles klar! Luzifer und du! Aha! Verstehe! Lass uns das hier mal abbrechen. Wir müssen das ja nicht machen. Beim Raps war ich ja schon unsicher. Aber jetzt wird mir das zu blöd. Ist ja auch völlig unglaubwürdig.«

Der Teufel setzt sich an die Quelle, guckt mich grinsend an und nimmt seinen modrigen Zylinder ab. Er lässt ihn mit Quellwasser volllaufen und reicht ihn mir. »Trink mal 'n Schluck! Kühl din Kopp!«

»Danke, bin nicht durstig.« Ich setze mich auf einen kleinen Stein am Wegesrand und brabbele vor mich hin. »Völlig bekloppt! Luzifer und du! Wer bist du denn dann? Mephisto, oder was?«

Der Teufel reckt seinen Kopf gen Himmel und lacht quietschend in den dunklen Abend. »Mephisto – ik lach mich schief. Vor dem lütten Kasper habt ihr Menschlein schon immer Bammel, wa? Dabei is er doch nur een ganz kleiner Hallodri. Mehr als bei dem Goethe rumzutönen, hat er doch nie hingekriegt. Mephisto!« Er schlägt sich auf seine Oberschenkel. Sein ganzer spindeldürrer rotknochiger Körper schüttelt sich jetzt vor Lachen. »Ik fall gleich noch mal vom Himmel. Den lütten Trottel. Der hat nich mal den Faust in die Hölle gekriegt.«

Mir ist mulmig zumute. Ich kann mich nicht konzentrieren. Wo bin ich? Marienquelle, Schloßberg, Heimat!

Der Teufel atmet tief aus und sagt: »Ik ward Memphis geheißen!«

Memphis! Hin- und hergerissen zwischen der stillen Anmut der Natur und der Absonderlichkeit, dass der Teufel sich nun auch noch Memphis nennt, gehe ich zu ihm und trinke aus seinem hohen Zylinder einen Schluck Quellwasser.

»Memphis! Soso! Luzifer und Memphis! Ja, klar! Das ist ja auch komplett logisch. Absolut nachvollziehbar! Herzlichen Dank für die Aufklärung. Und was machen wir dann hier des Nachts an der Marienquelle unterm Schloßberg, Herr Memphis?«

»Wir sin back at the funny farm! Kiek mal, wer da schläft!«

Er zeigt mit seinem Finger auf eine kleine Reisighütte. Im Lichtschein des Mondes erkenne ich mich.

»Wir sin nur 'n paar Stunden später. Du hast dich durch 'n ganzen Wald un um den ganzen See geschleppt. Un hier is din Versteck. Din Farm!«

Mir wird schwindelig. Meine Farm!

Brüderlein und ich hatten einige Reisighöhlen in den Wäldern gezimmert und diese war unsere größte. Sie war für vier Kinder gedacht und unser ganzer Stolz. Wir hatten sie nach der bekannten TV-Serie »Unsere kleine Farm« benannt. Der Name war ein Treffer.

19

I hear ya talkin' but the words are kinda strange. One of us is crazy and the other one's insane. Stay calm, don't be alarmed, it's just a holiday back at the funny farm! – Ist schon herrlich, dass in den großen Momenten des Lebens, wenn Zeit und Hirn so heftig schwingen, dass es nur noch kracht, Textzeilen oder Melodien dich wie ein rettendes Seil vor dem kompletten Psychocrash bewahren.

»Back at the Funny Farm« vom Album »Another Perfect Day« ist eine von Lemmys Berichterstattungen aus dem Alltag mit radikalem Drogenmissbrauch und kommt daher wie eine dieser nicht endenden Suaden aus dem Universum Samuel Becketts – eine äußerst gestresste Beschreibung des Widerspruchs, den man empfindet, wenn die erlebte Wirklichkeit sich ganz anders darstellt als die erwartete Idee davon.

Ich stelle mir vor, wie herrlich es wäre, wenn man Becketts Texte in gleicher Weise darbieten würde: trocken, laut, schnell, kompromisslos!

Und auf einmal sitzen Beckett und Kilmister im selben Ruderboot auf dem Breiten Luzin und angeln, während Memphis der Teufel und ich immer noch still im Dickicht des Waldes verharren und dem Kind, das ich war, dem 11-jährigen Carsten, dabei zuschauen, wie er unruhig und wimmernd schläft.

Der Teufel legt mir plötzlich seine riesige Hand über die Augen. »Nu wird's eenmal ernst!«

20

Ich sitze plötzlich auch in einem Boot, aber nicht mit Lemmy und Beckett auf dem Breiten Luzin, sondern völlig allein in einem nächtlichen, gelb-grün-rot schimmernden Hafen.

Es ist furchtbar laut. Ein dumpfes Stampfen und Wummern hallt über das Wasser.

Ist das hier eine Party? Alles ist wie in Watte. Dumpf, laut, schwer, eng. Von allen Seiten kommen Boote auf mich zugeschwommen. In den Booten sitzen ausgehöhlte Marionetten in verrotteten goldenen Anzügen, mit toten schwarzen Augen. Ihre Gesichter wirken starr. Nur die Münder bewegen sich zum Rhythmus des Wummerns. Sie sind aber gar nicht starr. Sie singen, halten Mikrofone vor sich und schwingen hölzern im Takt ihre Arme. Aus dem Wasser erheben sich langhaarige Gestalten. Frauen und Männer in bunten Schlaghosen und goldenen knappen Oberteilen. Sie schunkeln wabernd, in bizarren Gruppierungen tanzen sie umeinander herum, aber vor allem auf mich zu. Es werden immer mehr Boote und immer mehr tanzende Gestalten. Sie umkreisen mich, lachen höhnisch, schreien aus gelbzähnigen überschminkten Fressen: »Was ist in drei Teufels Namen in dich gefahren? Entschuldige dich, Hossa!, Hossa! Du selbstgerechter Drecksbengel!«

Sie klettern in mein Boot, das fürchterlich zu schaukeln beginnt. »Olé, wir fahr'n in 'n Puff nach Barcelona, olé, olé!«

Ich versuche mich festzuhalten, damit ich nicht über Bord gehe. Sie zerren mich hoch und wollen mit mir tanzen. Sie führen meine Hände und zwingen mich zu klatschen. »Hossa, Hossa, Anita! Olé! Olé! Babička! Wann fahren wir wieder nach Biscaya, Biscaya, Biscaya? Hossa, Hossa, Hossa!«

Ich bin umzingelt von miefigen halbnackten Männern und Frauen und goldlockigen Marionetten in Partykleidern, die sich an mir reiben und schunkeln und johlen.

Ich kriege kaum noch Luft. Das Einzige, was ich rieche, ist altes Parfüm gemischt mit Herren- und Damenschweiß. Da erkenne ich meinen Vater in silbernem Sakko, fröhlich singend, und meine Mutter mit Zylinder, auch singend, aber nicht fröhlich. Und zwischen dem ganzen Gewusel sehe ich, gekleidet in einen silberroten Frack und mit silberweißer Mütze, einen strengen Mann, der mit einem silberweißen Zeremonienstab die ganze Bande dirigiert. Sie folgen ihm leer und müde, fallen um, zwingen sich aber immer wieder auf. Alle weinen jetzt, auch der Vater und die Mutter, keiner ist fröhlich, und doch grinsen alle, entstellt und ängstlich.

Es wird immer lauter und schneller, ein einziger »Hossa, Hossa«-Brei drückt sich in meine Ohren und die halbnackten Gestalten jaulen: »Sing, sing, und dir wird alles vergeben! Sing, sing, und du wirst ewig glücklich sein! So ein Tag so wunderschön wie heute, so ein Tag, der wird nie mehr vergehen! Hossa, Hossa, Hossa ...«

21

Der Junge, der ich war, schreckt in der Reisighöhle, die er »Farm« nennt, hoch aus dem schlimmen Traum, weint bitterlich und läuft von Angst getrieben raus aus der Höhle, raus aus dem Wald, heim zu seinen Eltern, zu seinem Bruder und zu seiner Schwester.

»In dieser Nacht bist du nach Haus, un von da an konnt dich keener mehr bezirzen. Mit nix! Keen Gute-Laune-Lieder, keen Schunkel-Spaß, keen Heiti-deiti-sorgenfrei-Schmu.«

Verwirrt schaue ich Memphis an, erschöpft von dem Hirnzirkus, den er mir hier vorführt. »Wer war der Zeremonienmeister? Der Mann im silberroten Frack?«

»Dat war Luzifer. Er ist een strenger Deibel un will, dat all nach sin Nase tanzen. Aber zum Glück sind wir Deibel ja zwei, und dich hat er schlicht unterschätzt.«

Er setzt seinen Zylinder auf, packt mich sanft auf seine Schulter und schießt wie eine Rakete in den Frühlingsnachthimmel des Jahres 1983. Wir rauschen wieder in den Zeitstrahl durch Seele und Hirn, es ist warm, windig und weich.

»Du hast dem alten Verführer an dem Tag Paroli geboten un mit din Dickkopp dich gewehrt gegen dat Schunkelgeplärre auf der Sonntagsfahrt«, strömt Memphis weiter. »Warst nur 'n bisschen zu jung für Paroli gegen Luzifer und gegen din Vaddern un din Muddern. Dat hat all din Kraft gebraucht. Also hast du een massives Bollwerk aufgebaut in dir, un als du dann in din Bollwerk drin warst, kam über Jahr keen Rhythmus an dich ran, der dich bezirzen konnt. Grummelig und ohne Musik hast du dine Jahr verbracht.«

»Memphis, alles, was du mir hier gerade erzählst, ist vielleicht interessant, aber auch sehr erschöpfend. Und ich habe gerade das Gefühl, dass es nix mit Motörhead zu tun hat. Also bring mich jetzt bitte zu Motörhead oder bring uns zurück in die Zukunft!«

»WAT WILLST DU BEI MOTÖRHEAD?«

Wir bleiben mitten im rauschenden Zeitstrahl stehen und der Teufel wird plötzlich laut.

»DU WILLST DOCH WISSEN, WIE DAT ALL MIT MOTÖRHEAD KAM! DAT IS DOCH DER GRUND FÜR DEN TÖRN, ODER NICH?«

»Ja!«, antworte ich bockig.

»UND UM DAT ZU KAPIEREN, MUSST DU WISSEN, DAT DU UND WARUM DU ÜBER DREI JAHR EEN VERSTOCKTER, LUSTLOSER, PÖBELNDER BENGEL WARST, DER KEEN UN NIX AN SICH RANLIESS. DAT WEISST DU NU, UND JETZT KIEKEN WIR, WIE MOTÖRHEAD UN IK DICH AUS DIN PÖBELBOLLWERK RAUSGEBALLERT HABEN. WENN SO EEN TÖRN, DANN RICHTIG. KLAR?«

Das war sehr mächtig. Sehr klar! Des Teufels Schrei lässt mein Hirn heftig rasen.

»Okay, verstanden!«

Er hat offensichtlich einen Plan, und an diesem sollte ich ab jetzt nicht mehr zweifeln.

»Apropos Motörhead! Der Witz is«, setzt er nun wieder leise, fast freundlich, an, »dat nicht nur du an dem Tag schlechte Laune gekriegt hast. Auch unsere Speedrocker hatten keinen Glückstag, denn ihre zwei Tage vorher erschienene Platte ›Another Perfect Day‹ war ein klarer Reinfall, die große Enttäuschung bei den Fans nach den Jubelplatten ›Ace of Spades‹ und ›Iron Fist‹. Zu wenig Motörhead, zu viel Thin Lizzy! Und in den Charts ging's auch bergab. Lemmy, der alte Käpt'n, hat mal gesagt, dat

mit der Platte ihr Abstieg massiv an Tempo zuge-
nommen hat.« Er kichert und wir schweben sehr
langsam durch Zeit und Raum.

In das Schwingen der Teufelsflügel schraubt
sich Lemmys Bass, um der Melancholie, die uns
umhüllt, das passende Geleit zu geben.

22

*Don't talk to me, I don't believe a word, don't try to
make me feel alright. All the love in all the world
is not enough to save my soul tonight.* – Die Ballade »I Don't Believe a Word« vom 1996er Album
»Overnight Sensation« will keinen Alarm mehr
schlagen. Sie ist verbittert und verzweifelt, und in
keinem anderen Song wirkt Lemmy so verloren,
haltlos, nackt und traurig. Er findet keine Lösung,
keine Pointe, keine Aggression mehr.

Der Song steht irgendwann still, findet kein
Ende – immer wieder nur Lemmys Wimmern:
I don't believe a word.

Für alle Ewigkeit!

Eine Absage an Vertrauen, Hoffnung und Zukunft!

Wie ein Astronaut, der im Weltall vom Raumschiff abgekoppelt wird, schwebt die traurige Botschaft davon.

Im kleinen feinen Balladensektor der Motörhead-Songs nimmt dieser den traurigsten Platz ein.

»Love Me Forever« vom Album »1916« ist ein wütender Protest gegen alle Schönrederei und setzt jede und jeden auf den harten ungehobelten Holzstuhl der bitteren Wahrheit, nämlich der, dass nichts besser wird: *Everything changes, it all stays the same, everyone guilty, no one to blame.* In seiner Verbitterung und Stilistik ein Echogruß an Nirvana, die Lemmy sehr schätzte, und eine grimmige Antwort auf die naive hannoversche Seifenoper »Wind Of Change«.

Auf dem allerletzten Album »Bad Magic« schließlich schenkt uns die Ballade »Till the End« den schönsten Schlusssatz, der die ganze Motörhead-Story auf den Punkt bringt: *The one thing you will never lose is the singing in your head. That will still be with you till the end.*

Aber »I Don't Believe a Word« ist das Mantra eines erschöpften Weisen, der nicht mehr weiterweiß und in stupender Agonie für immer dahindriftet, und so driften auch wir über den Strahl der Zeiten, für die ich jegliches Gefühl verloren habe.

Während ich vor mich hin sinniere, dreht der Teufel, der sich Memphis nennt, am Zeitstrahl wie an einem Steuerrad, und aus dem Strahl wird ein vielfarbiger Lichtglobus, der uns umhüllt wie der Schirm eines Lampions. Memphis lehnt sich zurück wie in einem Sessel und beginnt, im Licht nach etwas zu suchen. Er zieht und schiebt verwaschene Lichtzipfel hin und her.

Und während Lemmy immer noch leise »I don't believe a word« wimmert, findet der Teufel, wonach er gesucht hat. Der Lampion öffnet sich wie eine Muschel, und wir stehen am Fuße eines kleinen Hügels.

23

Unsere Ortsbibliothek liegt wie ein Tempel auf dem Gipfel dieses Hügels, man kann ihn nur durch eine steile Betontreppe erklimmen.

Nach dem Ende der DDR diente die Bibliothek eine Zeit lang als Jugendclub, in dem die alternative Jugend unseres Ortes den Grunge-Pionieren Nirvana oder den Politpunks Bad Religion huldigte, in dem wir uns heftig schubsten oder ganz doll schüttelten.

»Darum geht's jetzt aber nich!«, funkelt der Gehörnte dazwischen. »Wir schreiben erst das Jahr 1987, und das hier war ein besonders schöner Tach für dich.«

Wir beginnen mit dem Aufstieg zum Tempel der Aufklärung.

Als Kind verbrachte ich an diesem stillen, warmen Ort viele Stunden und stöberte nach Büchern und Mosaik-Comics. Als Teenager begann ich dann, viele, viele Schallplatten auszuleihen.

»Um rauszufinden, was din Musik sein könnt«, vollendet Dr. Memphis Alleswisser meinen halbgaren Gedanken.

»Naja! Es war die Zeit der Schubladen. Je nach Schublade verbündete man sich oder sagte sich voneinander los. Popper, Rocker, Schlagerfan – alles schrankgroße Schubladen, in denen ich mich nicht tummeln wollte.«

»Wir wissen ja nu, warum! Luzifer, der eitle Gockel, hat da 'n bisschen übertrieben!«, will der plötzlich auf Normalmaß geschrumpfte Deibel mich aufklären, als hätte ich das nicht längst kapiert. Aber ich bin im Laberflash, und wenn der da ist, ist er da.

»Die Beatles zum Beispiel sind im tiefsten Innern bis heute für mich eine Schlagerband und klingen für mich nicht viel anders als Rex Gildo. Mir ist schon klar, dass der Vergleich aus extrem vielen Gründen grausam ist, aber das Gefühl, wenn ich die Beatles höre, ist beinhart »Schlager«, so wie das Gefühl bei Motörhead »Spaß, Quatsch und Freiheit« ist. Und die Amiga-Platten, die wir in unserer Bibliothek bekamen, waren eben entweder Schlager oder sie klangen fad und abgestanden in meinen Ohren. Die zum Teil sehr abgegriffenen Scheiben von Rockpionieren wie Crosby, Stills, Nash & Young, Creedence Clearwater Revival, der Jazz-Pop-Diva Sade und der Jazzcombo Mahavishnu Orchestra haben mich alle, höflich ausgedrückt, nicht überzeugt. Und in die Platten der DDR-Bands Puhdys, Karat, City und Silly habe ich natürlich auch reingehört, aber da sprang der Funke genauso wenig über.«

»Die Beatles warn viel zu groß, viel zu gut für

dich. Alle haben die gehört! In din Bollwerk warst du gar nich in der Lage, die große Komplexität von der Liverpooler Bande zu erkennen, denn du warst ein miesepetriger Knötterkopp worden, der gar kine Musik mehr wollt. Nur noch Sport war din Ding! Ehrgeiz! Un dat ging nich. Dafür warst du zu jung! Also musst ik wat finden, wat din Bollwerk brechen un dich wieder freudig machen konnte«, sagt er, der Teufel, und schiebt mich in die kleine, mit Teppichboden ausgelegte Bücherstube.

24

Am Empfang sitzt wie einst die freundliche und vertraute Bibliothekarin und stempelt Bücher. Sie nimmt natürlich keine Notiz von uns, da wir ja gar nicht wirklich hier sind.

Im Raum mit den übervollen Regalen ist nix los. Nur ich, der pubertierende Carsten, der per Übermut von meinen Klassenkameraden zum Charles gegängelt worden war, was ich jedoch von Anfang an als Ehre empfand – Charlie Brown, Charlie Chaplin, »Eine Mark für Charly« –, stehe vor dem

Schallplattenregal und zupfe ratlos, aber neugierig einzelne Platten raus.

Mike Oldfields »QE2« und die Amiga-Platte von Helen Schneider habe ich schon beiseitegelegt. Die Unterlippe nervös zerkauend suche ich angespannt weiter.

Und nun sehe ich, der alternde zeitreisende Erzähler, wie auf der anderen Seite des Regals eine Dame mit einem Hündchen, einem Spitz, mir durch das Regal hindurch jeweils die Platte zuschiebt, die ich als Nächstes greife.

Das ist sehr verstörend. Wer ist die Dame mit dem Hündchen? Was hat sie vor? Wieso erkenne ich sie nicht? Ich schaue verwirrt zu Memphis, dem Gehörnten, aber der packt meinen Kopf, dreht ihn wieder Richtung Regal und sagt: »Schau, schau, dat Beste kommt erst noch!«

Jetzt schiebt die Dame mit dem Hündchen mir »Thriller« von Michael Jackson in die Hand. Mein 14-jähriges Ich beginnt die Hülle zu studieren, betrachtet das Bild vom lässig hingelegten ehemaligen King of Pop, als die Dame mit dem Hündchen Ärger von einem Jäger in Hut, Sakko und Knickerbocker bekommt. Der Hut kommt mir bekannt vor.

Er sieht aus wie – ich wende mich wieder zu Memphis – und ja, tatsächlich, es ist der zusammengeklappte Zylinder meines Reiseführers. Ich will grade empört um Aufklärung bitten, da liegt schon heiß und schwer sein Zeigefinger mit Riesenkralle auf meinen Lippen.

»SCH-SCH-SCH! Jetzt genieß doch einfach mal unseren Triumph. Selten sah Luzifer so dumm aus.«

Der Jäger zieht jetzt die Dame mit dem Hündchen zügig in Richtung Ausgang hinter sich her und zischelt irgendwas Unverständliches, »morum rorum quantum exum!« oder so ähnlich, und dabei verschiebt er eine Platte im Regal absichtlich so, dass sie auf der anderen Seite runterfällt, woraufhin der 14-jährige Charles sofort hineilt und sie aufhebt.

»Dat war doch genial. Damit war's getan. Da hat old Luzifer nix mehr tun können«, kichert Memphis. »Ordentlich gewettert hat er noch, aber du hattest dat gute Stück nu inne Hand und ik wusst, aufgeladen wie du warst von din trotzigem Zorn, dat dat wohl dat Beste für dich war. Guck präzis hin!«

Der Junge, der ich war, hält gebannt die Platte vor sich. Wie in Zeitlupe wendet er sie, liest den Text. Er wendet sie wieder, hält inne, legt sie auf seinen Stapel. Es ist die Amiga-Ausgabe des AC/DC-Meisterwerks »Highway to Hell«.

25

Ich kannte den Schriftzug vom Schulklo und fand ihn immer sehr geheimnisvoll. Ich wusste, dass der Name irgendwas mit Strom zu tun hatte, und es war der Blitz in der Mitte, der mich überzeugte, die Platte mitzunehmen.

Eine knappe Stunde später stand ich also vor der braunglänzenden Schrankwand der Eltern, in der sich der Plattenspieler befand, und überlegte, mit welcher Platte ich meine musikalische Schulung beginnen sollte.

»QE2«, »Thriller«, »Helen Schneider« oder »Highway to Hell«?

»QE2« fiel bei mir nach dem zweiten Song durch. Michael Jacksons Meisterwerk schon während des ersten Songs. Helen Schneider lief länger, weil ich fasziniert das Cover anschaute. Nach der ersten Seite entschied sich jedoch, dass auch diese Musik nicht mein Ding war. Blieb also noch diese Stromband.

Dadadamm – dadadamm – dadadamm dadadamm dam dadam!

Das saß!

Der Opener »Highway to Hell« erwischte mich kalt.

Die Schärfe der Akkorde!

Der treibende Rhythmus!

Der Refrain!

Dann »Girls Got Rhythm«, »Walk All Over You«, »Touch Too Much«, »Beating Around the Bush« – ich hörte die erste Seite dreimal direkt hintereinander und war entfesselt.

Die Klarheit der Riffs, der krachige Sound, das hohe Tempo schüttelten mich, ließen mich Schrankwand, Teppichboden und die futuristischen Clubsessel im Wohnzimmer vergessen.

Die strudelnden Soli aus den Zappelfingern von Angus Young, Bon Scotts Gekreische und die mächtige, schützende Wand des Klangs schossen mich wie durch einen Druckschlauch auf die andere Seite des Lärmuniversums.

Nachdem ich im Saporoshez regelmäßig Würgekrämpfe und hohen Augeninnendruck von Gas und Schlager bekommen hatte, erlebte ich hier nun zum ersten Mal durch Musik einen berauschenden Freiflug zum Himmel.

26

Das Kulturhaus »Juri Gagarin«, kurz Juri, war ein prachtvoller Multifunktionssaal aus den Fünfzigern mit Kronleuchtern und Theaterbühne.

Von Schulspeisung über Stadtverordnetenversammlung, Jugendweihe, Kosmolzentreff und Karneval bis hin zu den Prüfungen der Spielerlaubnis für staatlich geprüfte Schallplattenunterhalter (also DJs) wurde alles, was unser Städtchen an Kultur zu bieten hatte, auf diesem Parkett abgefeiert.

An den zwei langen Tresen bekam man Helles, Klaren, Braunen, Selters, Limo, manchmal auch Nüsse und Erdnussflips, meistens aber nur Salzstangen. Um die Tanzfläche vor der hohen Bühne standen Vierer- und Sechsertische und in den Toiletten wurden Zigaretten und Wodka geschachert.

Es war ein Ort für alle, und freitags gehörte er der Jugend.

Disco. Der Schallplattenunterhalter, der auf der hohen Bühne sehr verloren wirkte, legte seine Audiokassetten in eine eigens dafür gezimmerte Verstärker-Kassetten-Equalizer-Box, mal bunt bemalt, mal mit Aluminium verziert, und unten im Saal tanzte die Jugend der Gemeinde Foxtrott, 1-2-Tip und die Mutigsten auch »ohne Anfassen«.

Es gab die Oldie-Runde, die NDW-Runde, viel Pop aus Amerika – und es gab die Rockerrunde.

Meine ersten Besuche der Disco im Juri hatten drei Ziele:

1. zeigen, dass ich da bin,

2. zeigen, dass ich Alkohol und Nikotin vertrage,

3. zeigen, dass ich auf der Suche nach Girls bin.

Tanzen war egal.

27

»Was machen wir hier?«, frage ich Memphis.

»Dat wirst du gleich sehen. Komm!«

Wir gehen durch die Wand in den Tanzsaal.

»Sweet dreams are made of this«, beschwört Annie Lennox die tanzende Jugend.

Hinten links sitzen die Altrocker. Auf der Tanzfläche wird 1-2-Tip geschwoft und vorne am Tresen herrscht das übliche Bier-und-Limo-Gegakel.

Wir stehen in der Saalecke kurz vor den Boxen neben zwei Typen, die ich erst gar nicht erkenne. Sie unterscheiden sich in allem von allen. Der eine hat extrem lange Haare, viel länger als die der Rocker oder Hippies, dem anderen fallen die Haare immerhin bis zu den Schultern. Beide in Lederjacken, und darüber Jeanswesten mit extrem vielen Aufnähern. An ihren Schultern hängen Umhängetaschen. Darauf abgebildet: jeweils ein Hirsch, der versonnen und streng aus dem Dickicht schaut. Mir kommt das bekannt vor, aber ich weiß nicht, woher. Die beiden stehen da wie Beavis und Butt-Head, nur eben mit deutlich längeren Haaren, rauchen, trinken Bier. Sie unterhalten sich ernst und wirken sehr verwegen.

»Kannst dich noch erinnern? Die beiden!«

Ich schaue Memphis unsicher an.

»Er mit den langen Haaren is Lennz. Der andere is Donner!«

Lennz und Donner, na klar! Die waren sozusagen meine Taufpaten in Sachen Stromgitarrenmusik.

»Un wer kummt da?«, fragt der Teufel.

Misslich gekleidet, in weißen Halbschuhen mit Klettverschluss, stinknormalen Elpico-Jeans, einem nichtssagenden weißen Hemd und gekrönt von einer albernen Vokuhila-Frisur, komme ich frisch jugendgeweiht und voll 14-jährigem Tatendrang angeschlurft. Ich geselle mich zu Lennz und Donner, werde von ihnen aber weder begrüßt noch in irgendeiner beiläufigeren Weise wahrgenommen. Man könnte auch sagen: ignoriert.

Ich höre ihnen zu, nicke ambitioniert und verschwörerisch.

Es geht um Musik. Jede Band, die der Kassettenunterhalter abspult, ist für sie schlecht, langweilig, öder Pop.

Sie lachen wissend und abschätzig, trinken Bier.

Ich lache auch wissend und abschätzig, nur Bier habe ich keins.

»Ik muss weg für ’ne Zeit. Bin in ’ner Stund allwieder da. Is all vorbereitet. Wir sin in din Summer of Love. 1987. Un bald kommt die herrliche Platte ›Rock ’n’ Roll‹ von den ollen Motörhead-Deibels auf den Markt!«

»Wie, du musst weg? Was heißt das?«

»Dat heißt, du musst nu allein klarkommen. Aber dir kann nix passieren. Weil all dat schon in die Historie eingeschrieben ist. Wie ’ne Rille im Vinyl!«

»Hä, aber wie lange dauert das jetzt? Ich will heut noch zurück nach Hamburg!«

»Dat geht nich länger als ’ne Stund, anderthalb. Dat schnürt ab wie ’ne Katz. Du springst einfach von eins zum andern. Dat geht wie ’n Cut im Film. Dat kennst du ja. Eben noch da, dann da.«

Plötzlich halbiert er sich längsseitig, was extrem gruselig aussieht, dann schmeißt er seinen halben Kopf nach vorn und verschwindet als kleine Rauchsäule aus der Szene.

Donner dreht sich abrupt zu mir um. Ich muss soeben in meinen hibbeligen Teenager-Körper gerutscht sein, denn er schaut mich direkt an und sagt: »Wo ist dein Bier?«

Ich sehe nach hinten, um zu überprüfen, ob er wirklich mich meint und nicht wen anders, aber da hier sonst niemand steht, spricht er wohl tatsächlich mit mir.

»Hab noch keins! Aber gleich!«

Lennz und Donner starren wieder stumm auf das Tanzrund, wo gerade »It's A Sin« von den Pet Shop Boys erklingt. Beide schütteln den Kopf und schauen sich bedeutungsschwanger an. Ich schüttele mit. Da entdecke ich auf Donners Weste das Logo von AC/DC.

Ich zeige auf das feuerrote Zeichen der australischen Hardrocker und traue mich zu fragen, ob sie schon mal »Highway to Hell« gehört haben.

Die beiden drehen ihre Köpfe zu mir und nicken grinsend. »Super geil!«, sagt Lennz. »Hammerscheibe! ›Highway to Hell!‹, ›Touch Too Much!‹, ›If You Want Blood‹ – alles geile Teile!«

»Scheibe«! »Teile«! Mein Teenie-Wortschatz erweitert sich in rasender Geschwindigkeit.

»Kennst du ›Dirty Deeds‹?«, fragt Donner.

»Oder ›T.N.T.‹?«, fragt Lennz.

»Und ›Problem Child‹?«, fragt Donner.

Ich schüttele überfordert den Kopf. Zu viel auf einmal.

»AC ist schön hart. Nicht so 'n Weichspülerkram wie Depeche Mode oder Bon Jovi«, sinniert Lennz, woraufhin beide grinsen und ihre Gläser leer trinken.

»Ich hol noch 'ne Runde. Willst du auch 'n Bier?«, fragt Donner.

»Klar, ey!«, höre ich mich aufgeregt rufen.

Dann verschwindet er mit seiner Hirschtasche im Tanzpulk, und ich stehe nun allein mit Lennz rum. Keine Ahnung, was ich sagen soll. Keine Ahnung, wieso ich hier eigentlich stehe. Die beiden sind eine Klasse über mir und haben rein gar nichts mit mir zu tun. Für die bin ich einer von unten. Und eigentlich bin ich ja auch mit meinen Klassenkumpels Korni, Rollo, Schenker und Ormel hier. Aber gut, dass sie am Tresen festhängen und hier nicht feuchtfröhlich rumkrakeelen.

Lennz starrt extrem cool rauchend auf die schwofende Dorfjugend.

Der moderierende Kassettenunterhalter murmelt charmant in sein Mikrofon: »Und jetzt etwas für unsere Freunde der härteren Töne. Hier ist Bon Jovi!«

Einige der in Jeans, Leder und Armeeklamotten gekleideten Rocker erheben sich brüllend wie Wikinger, schreiten zum Parkett und beginnen, erhaben im Rhythmus ihre Nacken zu wippen.

»Livin' On A Prayer«, hallt es in den Mecklenburger Kultursaal.

»Kuschelrock!«, tönt Lennz zurück.

Dass sich Lennz auf den Sampler gleichen Namens bezieht und diesen damit mehr oder weniger subtil kritisiert, ist mir nicht klar. Ich bin vor allem furchtbar aufgeregt.

Lennz trägt unter seiner Weste ein Shirt, auf dem eine Art Totenkopf zu erkennen ist, wie auf einer Piratenfahne, nur mit riesigen Hauern am Unterkiefer, an denen Ketten hängen. »Geiles Shirt«, brülle ich gegen den Kuschelrocker aus New Jersey an.

»Motörhead!« Lennz zeigt es mir ganz.

Auf dem Schädel thront eine Pickelhaube, darüber ein sehr altmodischer Schriftzug.

»Motörhead sind die Geilsten!«

»Die Obergeilsten!«, fügt Donner hinzu, der in diesem Moment zurückkehrt. »Die blasen allen das Hirn weg!« Er verteilt die Biere.

»AC« statt »AC/DC«! »Hirn wegblasen«! Mein Sprachzentrum brutzelt.

Wir stoßen an, so viel Zeit muss sein. Der kühle Schluck hilft mir, nicht vor Aufregung durchzudrehen.

»Krasser Totenkopf!«, versuche ich sehr cool von mir zu geben.

Lennz sagt etwas Unverständliches, es klingt wie »Schneckentusch«. Ich kann es nicht dechiffrieren.

»Hä?«

»Snaggletooth!«, verbessert Donner ihn auf Englisch.

»Das Maskottchen von Motörhead!«, erklärt Lennz.

»Ah!«, staune ich. »Cool!«

»Ja, obercool!« Donner grinst.

Es ertönt das Intro von Deep Purples »Smoke

on the Water«, das offenbar irgendein Kriterium in ihrem geheimnisvollen Musik-Wertesystem erfüllt. Sie stellen ihr Bier ab, begeben sich aufs Parkett und beginnen ihre Haare zu schütteln, viel wilder als die Bon-Jovi-Rocker. Lennz mit dem Kopf nach hinten, sodass er Richtung Saaldecke starrt, Donner mit dem Kopf nach vorn, sodass sein Gesicht verdeckt ist. Ich stehe da, nuckle an meinem Bier und frage mich, ob ich mitmachen oder von dannen ziehen soll. Lennz und Donner sind komplett versunken, spielen nun auch noch unsichtbare Gitarren in der Luft und jaulen den Refrain laut mit. Ich starre sie an und finde sie in allem, was sie tun, cool, besonders und frei.

30

Dadadamm – dadadamm – dadadamm dadadamm dam dadam!

»Highway to Hell« erdröhnt im Kulturhaus Juri Gagarin. Das haut mich um.

Während der ersten Akkorde grölen Jungrocker und Altrocker gleichermaßen auf, und ich erlebe etwas Unheimliches: Es zieht mich aufs Parkett.

Schlicht und wahr! Ich wage es, im Schatten von Lennz und Donner neben den Altrockern zu hotten.

Ich ahme überfordert ihre Posen nach: Kopfschütteln, Kopf und Oberkörper mit voller Wucht nach vorne schmeißen, Luftgitarre in der Luft festhalten und so tun, als würde man spielen.

Das macht Spaß. Das fetzt.

Ich gröle laut den Refrain mit, strecke wie die Altrocker die Faust wichtig nach oben.

Dass das für den großen Rest der Dorfjugend ein lärmendes, lächerliches, ja unwürdiges Getue ist – völlig egal. Durch Lennz und Donner, die wild neben mir abgehen, fühle ich mich geschützt, und sogar Fürchtegott persönlich, der Chef der Altrocker, dem man allerlei kriminelle Taten nachsagt, grinst mir zu, kommt neben mich, und Schulter an Schulter spielen wir Gitarre, als wären wir AC/DC und würden die friedlich bekifften Hippieweiden Woodstocks rasieren.

Danach folgt »Paranoid« von Black Sabbath und lässt mich erneut alles vergessen. Wieder knallt es mich durchs Lärmuniversum, und unter Schütteln, Hopsen und Zucken fliege ich frei zu den Sternen oder was weiß ich wohin – aber es streckt mich, reckt mich, rüttelt mich, und das alles in einem Pulk ehrfürchtig mitgrölender Mähnenfrauen und Zottelmänner!

Dann erklingt »Kashmir« von Led Zeppelin, und Lennz und Donner, meine beiden Leitzottel, verlassen abwinkend das Tanzrund. Ich husche verschwitzt und beseelt hinterher.

»Smoke on the Water«, »Paranoid«, »Kashmir« – alles Songs, die ich vorher noch nie gehört habe.

»Richtig geil heut!«, ruft Lennz heiser. Er zündet sich eine Zigarette an und reicht das Päckchen f6 rum. Hektisch zünden auch Donner und ich unsere Zigaretten an, trinken gierig die Biergläser leer, um dann quarzend aufs Parkett zu stieren. Die Altrocker stampfen zum schweren Sound der Luftschiff-Freunde.

»Oldiekram!«, ruft Donner. »Hört keiner mehr!«

Diese Feststellung scheint im Anblick des aktuellen Geschehens zumindest fragwürdig. Ich nicke trotzdem.

Mit »Born In The U.S.A.« geht es weiter, und Donner gibt enttäuscht in die Runde: »Wollen wir abhauen?«

Daraufhin Lennz: »Ja, passiert ja nix mehr!«

Er reicht mir eine schwarze Magnetbandkassette mit der Aufschrift »!!! METAL/4. !!!«.

»Hier! Die neusten Sachen! Venom, Maiden, Priest! Kannst ja mal hören!«

Ich bin überrascht. »Danke ey!«

»Die zweite Seite ist das Beste! Motörhead und AC! Schön hart!«, erklärt er noch, um sich dann mit einem »Wir hauen ab« umzudrehen und mit einem gerufenen »Bis Montag!« zu gehen.

Donner fügt noch ein »Hau rein!« hinzu, worauf ich mit einem »Ihr auch!« die lehrreiche Metal-Konversation beenden darf.

Sie traben davon. Ich stehe verloren da, die Kassette wie einen Goldbarren in der Hand. Hirn und Herz rasen, die letzte Viertelstunde muss erst einmal verarbeitet werden: AC/DC – Rockerrunde – Fürchtegott – Kassette – Motörhead – Bis Montag!

Um die restliche Gemeindejugend zu beruhigen, dreht der Musikunterhalter mit den sanften Worten »Und jetzt wieder was zum Wärmen!« Chris Normans »Midnight Lady« auf.

»Willst jetzt 'n Heavy sein?« Klassenkumpel Korni weckt mich mit einem heftigen Schlag auf die Schulter aus der Starre.

»Ey, so panne, die Asis! Die stinken bestimmt«, sagt er und meint damit Lennz und Donner.

Ich glotze ihn verstört an.

»Hast du noch 'ne Fluppe für mich?«

Darauf zu antworten ist mir nicht möglich. »Ich hau ab«, sage ich stattdessen.

Korni stutzt. »Hä? Heut' ist Kampftrinken. Rollo, Schenker und Ormel warten schon.«

32

Kampftrinken war seinerzeit ein sehr beliebter Kneipensport. Die Runde bestand aus betäubungswilligen Jungs und Männern, die sich zusammenfanden, um das DDR-20-Pfennig-Stück, welches auf den Handballen gelegt wurde, durch einen gezielten Handschlag gegen die Tischunterkante in das auf dem Tisch stehende Bierglas zu befördern. Gelang es dem Trinker, die Münze in seinem

Glas zu versenken, wurde eine neue Runde bestellt, als Belohnung sozusagen, und der im Uhrzeigersinn nächstsitzende Trinker musste diese bezahlen. Der Ehrgeiz zu treffen war also aus zweierlei Gründen hoch:

1. Man bekam ein weiteres Bier.

2. Man konnte dem Tischnachbarn richtig einen einschenken.

Unnötig zu erklären, dass im langen Verlauf des Spiels die Treffsicherheit sank und der Frust stieg. Gegen Ende wurden die Münzen oft einfach wild in irgendwelche Gläser geworfen, mit der Forderung nach einer neuen Runde Bier.

Und so gipfelte manche Runde in einer Prügelei. Meistens aber fand das Spiel ein selig taumelndes Ende, wenn sich die komplett betrunkenen Teilnehmer gegenseitig nach Hause bugsierten – wie man es aus der finnischen Trinker-Episode in Jim Jarmuschs Film »Night on Earth« kennt.

Die Runde, die meine Klassenkumpels und ich ausbaldowert hatten, war unsere erste überhaupt, und sie endete für mich in einem fürchterlichen Rausch mit allem, was dazugehört:

- orientierungsloses Wanken, Stürze und Verletzungen
- zweimalige Entleerung des Magens
- verzweifelte Ernüchterungsversuche durch hektisches Selterstrinken
- aggressives Wegschlagen von helfenden Händen

Der Heimweg war eine ohnmächtige Fluchtarabesque, die vermutlich dramatisch geendet hätte, wäre die ortsnahe Schrottkuhle nicht in Flammen aufgegangen.

Das Geräusch der Feuersirene auf dem Dach der Freiwilligen Feuerwehr brachte mein Bewusstsein und mit schleppender Zeitverzögerung auch meinen Orientierungssinn zurück.

Mir wurde gewahr, dass ich buchstäblich inmitten unseres riesigen Buchenwaldes stand – zwei Kilometer von der Stadt entfernt.

Ich torkelte also wie eine besoffene Giraffe durch den Wald zurück in Richtung Städtchen.

Schwarz. Zurück im Juri.

Die anderen Kampftrinker um mich herum grölen vor Freude, dass ich wieder mit am Kampftisch sitze. Völlig betrunken fallen sie sich um die Hälse, kommen aus dem Lachen nicht raus und zeigen immer wieder mit den Fingern auf mich. Ich nehme mir ein Flasche Weißwein und trinke sie auf ex aus. Das wiederum lässt Korni, Rollo, Schenker und Ormel derart ausflippen, dass sie zusammenbrechen und wie in einer Schlammgrube versuchen aufzustehen, aber wieder und wieder zu Boden gehen. Während ich mir eine zweite Flasche Weißwein schnappe, wird mir klar, dass die Tischgesellschaft gewachsen ist. Unter den vielen gesichtslosen Trinkerinnen und Trinkern erkenne ich auch die Zwillingsschwestern Schönstein, die wir alle wegen ihrer blonden Mähnen die römischen Elfen nennen, und Anne, genannt Lady Anne, zwei Jahre älter und die Göttin unser aller Nacktheitsfantasien. Ich trinke die zweite Flasche auf ex und nun lachen auch die beiden Elfen und Lady Anne. Alle zeigen auf mich und lachen und lachen und lachen. Ich will nach der nächsten Flasche greifen, aber packe mir versehentlich ans Bein. Ich erkenne, dass ich meinen Schlafanzug trage. Lady Anne guckt mitleidig, die Elfen halten sich ihre Hände vors Gesicht. Alle fangen plötzlich an zu hüpfen und ziehen mir dabei am Schlafanzughosenbein. Sie wollen mir die Hose ausziehen, darunter bin ich aber nackt. Ich schlage voller Panik um mich. Es wirkt, die anderen ziehen sich schwarmartig zurück. Ich greife nach einer weiteren Flasche Weißwein, setzte an und ziehe sie auf ex leer. Plötzlich stehen endlos viele leere Weißweinflaschen um mich herum. Lady Anne reicht mir gleich noch eine. Sie haucht sanft: »Trink, Charles! Trink!«, und streichelt mein Gesicht. Die Elfen und Lady Anne kommen jetzt über den Tisch gekrochen, zerren am Schlafanzug, reißen ihn auf und ziehen mich aus. Wieder entwinde ich mich, völlig nackt flüchte ich Richtung Ausgang, stolpere über die roten Schaumstoffstühle, knalle dabei auf mein Gesicht. Der gesamte Pulk folgt mir sprunghaft, wie hungrige Tiere. Ich rappele mich auf, renne durch die Tür und stehe wieder draußen im Wald, der jetzt lichterloh brennt. Der Ruf der Feuersirene jault über allem wie ein einziger klagender Seelenschrei. Ich stürze zurück ins Juri, aber dort ist es mit einem Mal leer und dunkel. Ich schleppe mich, immer noch nackt, zu den roten Schaumstoffstühlen, schiebe sie zusammen, lege mich drauf und versinke schniefend und zitternd im Schaumstoff, im Tanzparkett, im Betonfundament, im Kesselmoor unseres dunklen Waldes. Über den feuchten Moorwiesen tanzen, frisch dem Moorsee entstiegen, Lady Anne und die römischen Elfen, sie strecken die Arme in den Nachthimmel und schütteln ihr Haar zu tief wummernden Rhythmen, die aus dem Moor erklingen und mich treiben, zerreißen. Ich falle in den Schlund des Moores, falle in einen Echoraum im Irgendwo. Dunkelblau und feuerrot! Die Rhythmen drehen mich, schleudern mich hin und her und Lady Anne und die römischen Elfen schwirren um mich herum, lachen, tanzen, schweben – *Baby you're a rattlesnake, you know the way I feel. Feel you crawling up my back, you've got no love to steal.*

»Love Me Like a Reptile« vom »Ace of Spades«-Album war für mich immer ein mystischer Song, allein schon wegen dem »Reptile« im Titel. Vielleicht, weil es im Mecklenburger Mischwald nicht solche Echsen gibt wie im Death Valley. Die sollen da ja bis zu drei Meter lang werden.

Jedenfalls klingt der Song dreckig und lässig. Lemmys Gekrächze und die Schreie der Gitarre brüllen wie ein Wildwest-Paar inmitten einer Schießerei auf einer staubigen Straße, das sich schließlich aus dem Staub macht, um hinterm Saloon Twist zu tanzen. Natürlich nur, um nach der letzten Liedzeile *Shock you like an electric eel* dem Twist als spießigem Gesellschaftstanz den Rücken zu kehren und sich zum Fade-out im Rauschen der Gitarrenströme dem wild vergnüglichen Liebesspiel hinzugeben. Man möchte fast meinen, Motörhead hätten sich was dabei gedacht.

Ich erinnere mich, dass dieser erste Alk-Albtraum mich alle bis dahin erlernten und erkannten Lebenskoordinaten infrage stellen ließ und dass der Zweifel, den ich dem Leben der braven Bürger gegenüber hegte, seinen vorläufigen Höhepunkt erreichte. Das Gute war, dass sich zu diesem Zweifel ein Mut gesellte, diesem Lebensentwurf einen Alternativplan entgegenzustellen. Und das hatte mit AC/DC, Lennz und Donner und mit dem Totenkopf Snaggletooth zu tun. Sie strahlten allesamt Mut, Wut und Halligalli aus. Dem wollte ich folgen. Dass das nicht von heute auf morgen ging, war klar, aber getreu dem Motto *They can't take it away if you've got something to say, they might try and fence you in, but you've only gotta live to win* aus dem lässigen Motörhead-Song »Live to Win« von der »Ace of Spades«-Platte ist guter Rat eben nur dann teuer, wenn du ihn erkaufen musst. Folgst du aber deinem Mut und deinem Deibel, dann kommt »eens zum andern« ...

Dem Kater inklusive Blackout und Gefühlschaos-Pointe folgte sozusagen als Sahnehäubchen die Häme meines Vaters.

– Da habe man sich wohl verhoben letzte Nacht!
– Und wie man gewimmert habe, irgendwas von Waldbrand habe man gefaselt!
– Und wie klein man zu Hause angekrochen sei!
– Zum Piepen!
– Man sei also folglich viel zu jung für den Krach im Juri!
– Und so könne man in nächster Zeit getrost abhaken, das Elternhaus noch mal so zum Gespött zu machen!
– Man habe wohl vergessen, in welchem Haus man die Beine unter dem Tisch ausstrecke!

Das ganze Wochenende blieb es bei diesen Tiraden, gekrönt von der Zwangsverpflichtung zur Teilnahme an einer weiteren Sonntagsfahrt in der Taiga-Wanze, die eigens dafür außen und innen blitzblank geputzt werden sollte.

– Und wer dafür verantwortlich sei, stehe ja wohl außer Frage! Der Herr Gernegroß werde das machen, und zwar allein und heute noch!

Die Mutter verabreichte mir zwei frisch gepresste kalte Zitronen, und ich bereitete mich mental auf die Arbeit vor. Trotz all der Übelkeit begriff ich sofort, dass der Monokassettenrekorder, der sich schon im Auto befand, der wichtigste Teil des Ausflugs sein würde. Mit anderen Worten: Die Strafreinigung der Taiga-Wanze war meine Gelegenheit, Lennz' »!!! METAL/4. !!!«-Kassette zu hören.

Keine Ahnung, was aus meiner musikalischen Sozialisation geworden wäre, wenn ich erst die A-Seite gehört hätte. Judas Priests »Breaking the Law«, Iron Maidens »Run to The Hills«, Saxons »Wheels of Steel« – das sind alles fein gearbeitete, melodisch und rhythmisch überzeugende Songs, die seinerzeit völlig neuartig waren und Welthits wurden. Aber die Kassette war auf Anfang B eingespult und somit war mein Einstieg »The Hammer« von Motörhead.

36

Hört euch den Song an. Stellt euch dabei einen 14-jährigen alkoholvergifteten Jungen vor, der mit einem Putzlappen auf dem roten Kunstledersitz eines gelben Saporoshez sitzt und nicht weiß, was ihn erwartet. Stellt euch vor, wie aus dem roten Monokassettenrekorder, der bis dahin nur mit James Last und Toni Marschall gefüttert wurde, erst ein einzelner Katzenschrei ertönt, um sofort von einer Gitarre abgelöst zu werden, die mit einer Härte und Schärfe so brutal und schnell ein Riff hinrotzt, dass es wie der fürchterlichste Bandsalat klingt. Und dann stellt euch vor, wie der Junge in eine Starre verfällt, weil der Rest der Band im Folgenden den kompletten Song in einem Höllentempo durchballert, wie es der Junge zuvor noch nie vernommen hat.

»The Hammer« machte mich stumm.

Staunend war ich gefesselt.

AC/DC war irre – Motörhead war Wahnsinn!

Nach »The Hammer« kam »Bomber«. Nicht ganz so schnell, aber wieder dieses undefinierbare Chaos an Stromklängen und dumpfen, treibenden Beats, wie das Wummern von vorbeirasenden Trucks, unerbittlich und zielgerichtet. Vom Text verstand ich nichts, aber von Energie verstand mein Teenie-Herz etwas. Und die kurzen Refrains machten es mir leicht, innerlich mitzugrölen – *It's a bomber! It's a bomber! It's a bomber!*

37

Es folgt die originalgetreue Wiedergabe der Gedanken, die mir am 5. Juni 1987 zwischen 10:21 und 10:25 durch den Kopf schossen.

+++ Es wird nicht gesungen, sondern gerufen. +++ Die wollen mich nur anschreien. +++ Meine Beine wollen zappeln. +++ Die verschnaufen wohl nie! +++ Es klingt wie Chaos. +++ Wie eine Hymne! +++ Es ist irre schnell! +++ Es ist wie eine Verarsche von all der Musik, die ich kenne. +++ Das klingt härter, gemeiner, wütender und lauter als alle, alle Songs, die ich auf den Volks-, Schützen-, Neptun-, See- und Erntefesten, Karnevalstänzen und Discoabenden in meinem ganzen Leben gehört habe. +++ Es fühlt sich an, als würde mich die ganze Zeit jemand schubsen. +++ Ich verstehe keine Wort! – Schulenglisch ist scheiße – »Hello. My name is Harry Old. I am a reporter!« – Das ist alles, was ich kann. +++ Scheiße ey! Wirklich! +++ Das ist so hart! +++ Ich dreh durch! +++

38

Ich spulte auf Anfang. Auf die Starre folgte der Irrsinn: Ich tanzte und hopste mit dem Gartenschlauch um die Taiga-Wanze herum, dirigierte die Band mit Wasserstrahlen, und der Vater musste vom Fenster seines Arbeitszimmers aus ratlos und wütend mit ansehen, wie sein Russentrabi blitzblank sauber wurde, obwohl sein Sohn Carsten einen solchen Sockenschuss hatte.

39

Cut to: Ich sitze im Blaumann auf der ebenso blauen Mifa-Möhre, dem Fahrrad meiner Mutter, und radele auf einer Landstraße durch den Wald.

Ah ja! Dieses Bild, das der Teufel mir hier vors innere Auge projiziert, erzählt folgende Geschichte:

Riiiietsch – Riiiietsch – Riiiietsch – Riiiietsch!

Das Schleifen der Kette ist der allmorgendliche Sound auf dem Weg zur Arbeit. Ob Nebelschwaden oder Sonnenstrahlen, Sommerregen oder Mückenplage, täglich um sechs Uhr ratsche ich kilometerlang durch Wald und Feld. Der Grund: Ich brauche dringend Geld. Geld für einen eigenen Kassettenrekorder, Geld für Kassetten, Geld für angemessene Kleidung, sprich Jeans, Jeans, Jeans, und idealerweise auch Geld für so ein neumodisches Ding namens Walkman.

Damit könnte ich immer und überall Musik hören!

Im Paradies der Mecklenburger Seenwelten heißen die Geldquellen Getreidewirtschaft oder Melioration.

Ich mache beides.

Auf einem riesigen betonierten Gelände schaufele ich Getreide, welches die riesigen Ernte-Lkw mir von ihren Kippladen vor die Füße schütten, in ebenso riesige Blechschächte. Das ist sehr staubig, sehr eintönig (Blechschaufel kratzt Betonboden) und dauert eine Woche, dann ist die erste Ernte durch.

Meine Arbeit in der Melioration hingegen besteht darin, dass ich im Wasser watend Schlamm aus Wassergräben schaufele, die sich quer durch Wald und Wiesen schlängeln. Das geht drei Wochen und ist sehr feucht und sehr abwechslungsreich.

Ich stehe bis über die Knie in einem eineinhalb Meter breiten Wassergraben und versuche, einen schweren Stock mit allerlei Schlamm im Gehänge aus dem Graben zu hieven. Plötzlich ein gruseliger Schrei aus dem Nassholz, wie die Katze zu Beginn von »The Hammer«. Eine Bisamratte, die bis eben im Saum des Wassergrabens vor sich hin lebte, springt mich an und verbeißt sich im Latz meiner Arbeitshose. In meiner grenzenlosen Panik erstarre ich zu Stein und hebe wie in einem Western die Hände hoch. Das arme Wildtier zappelt quietschend an mir herum und ich habe keine Ahnung, wie der Ratte und mir zu helfen wäre. Das geht etwa eine Minute und fünfzehn Sekunden, dann erkennt mein Vorarbeiter meine Not. Ich im Graben, er oben an der Kante.

»Nu zieh sie ab! Ein Ruck und ab in 'n Acker!«, sagt er. »Die hat mehr Schiss als du. Die kann nix anders als quieken.«

An meiner Starre ändert sich trotz der wahrlich aufmunternden Worte rein gar nichts. Ich kann ihn nicht mal angucken, weil ich mich zu sehr davor fürchte, dass die kleine süße Bisamratte, dieses unschuldige Lebewesen, sich in meine Hose flüchtet.

Mein sehr erfahrener Vorarbeiter, der schon seit einigen Jahrzehnten dafür sorgt, dass das Wasser immer ordentlich durch die Gräben fließen kann, erkennt schließlich, wie grenzenlos meine Panik ist und dass ich mir auf gar keinen Fall selbst helfen kann. Er fädelt geschickt seine Schaufel zwischen die zappelnde Ratte und meine Brust.

»Kopf hoch und nicht bewegen!«, murmelt er und, zack, mit einem kräftigen Ruck reißt er die dreizehn Zentimeter lange Ratte von meinem Latz und befördert sie in das weite Feld. Ich sacke zusammen und verschwinde in der trüben Brühe des Grabens.

40

Die Geschichte war den Dorfbewohnern manch spöttische Lacher wert und wurde mir für die nächsten drei Jahre bei mancher Gelegenheit wie graue Teewurst immer wieder aufs Brot geschmiert. Aber das war mir egal, denn ich verdiente das dringend benötigte Geld, und nach drei Wochen kaufte ich mir meinen ersten eigenen Kassettenrekorder – den KR700.

41

Lennz und Donner hatten mich in ihren Bund aufgenommen, und so stand ich nun jedes Wochenende mit meinen beiden Metal-Paten an den Tresen diverser Dorfdiscos in unserer Region rum und wartete auf die Rockerrunde.

In dieser Zeit lernte ich, dass es drei Typen von Kassettenunterhaltern gab.

Typ A nahm gern eine Rock-Kassette an und legte sie auf jeden Fall im Laufe des Abends ein (der beste Typ).

Typ B nahm zwar Kassetten für die Rockerrunde an, hielt sich aber offen, sie im Laufe des Abends einzulegen oder nicht (Fifty-fifty-Chance).

Typ C lehnte es komplett ab, von irgendwelchen Rockern Kassetten anzunehmen (man brauchte gar nicht erst anzureisen).

Es musste also vor jedem Wochenende dringend geklärt werden, welcher DJ wo wann auflegte.

Hilfreich hierfür waren die eindrucksvollen Plakate, die es damals gab. Da stand dann zum Beispiel auf gelbem Untergrund mit rotem Filzstift handgeschrieben: »Samstag, 18. Juli, Kulturhaus Juri Gagarin,

Disco mit DJ Rainer«. DJ Rainer gehörte zum Typ C, also: wegbleiben. Oder zumindest nicht wegen der Musik hinfahren, sondern wegen der »Girls«.

Die nächste dringend zu klärende Frage war: Haben wir die passende Kassette für die Rockerrunde? Wenn nein: Wer nimmt sie auf?

Hier kam mein KR700 ins Spiel. Ich konnte mit ihm nicht nur Musik hören, sondern mit aufwendigen Kabelsalaten auch einzelne Songs und ganze Alben von Plattenspielern, Magnet-Tonbandgeräten und anderen Kassettenrekordern überspielen. Das hieß also, ich konnte meinen eigenen Metal-Mix aufnehmen. Dafür brauchte ich aber zunächst mal Platten, Kassetten und Magnetbänder mit Metal, Metal, Metal!

42

Lennz und Donner trafen sich mit mir im Stadtpark am Roten Stern und brachten Kassetten mit und die wenigen Platten, die sie besaßen. Bei Bier und Zigaretten besprachen wir sehr ernst, welcher Song von Judas Priest am besten tanzbar sei (die Antwort war »Breaking the Law«) und welcher Kracher dem folgen sollte: Motörheads »Bomber« oder »Beating Around the Bush« von AC/DC? Ich war vorerst nur Zuhörer, da ich außer Lennz' »!!! METAL/4. !!!«-Mix eigentlich noch gar keinen Metal kannte.

Es entstanden sehr ausführliche, von Donner akribisch in Druckschrift angefertigte Listen von Songs, die ich mit meinem KR700 mixen sollte.

Nach drei Tagen war der erste Mix geschafft!

AC/DC – »Highway to Hell«, Black Sabbath – »Paranoid«, Deep Purple – »Smoke on the Water«, Judas Priest – »Breaking the Law«, Motörhead – »The Hammer«, Motörhead – »Stone Dead Forever«, und zum Schluss Metallicas »Master of Puppets«.

»Da wird der DJ bestimmt vorher rausgehen und irgend so 'ne Popschnulze reinkloppen«, grummelte Donner.

»Wenn wir überhaupt so weit kommen!«, grinste Lennz.

43

Der Teufel hatte recht, als er sagte, dass es Spaß macht, noch mal in die alten Tage reinzuschnuppern. Gut, den Alb-Alk-Traum hätte ich jetzt nicht gebraucht, der hat auch 34 Jahre später noch mal Kraft gekostet. Aber den Metal-Mix am Roten Stern und die Gartenschlauch-Arie am Saporoshez konnte ich heute sogar noch mehr genießen als damals.

Memphis hatte aber auch recht damit, dass die ganze Reise wie von allein passieren würde. Eben noch im Park am Roten Stern, stehe ich jetzt wieder mit Lennz und Donner in unserer Saalecke im Juri. Der DJ des Abends nennt sich »Detlefs bunte Tanzbar« und ist wohl einer vom Typ A. Das verspricht Erfolg!

Lennz und Donner kommentieren wie gewohnt die Schlechtigkeit der Popwelt. Ich stehe neben ihnen, bin noch zappeliger als sonst, kann mich nicht konzentrieren. Ich kann es einfach nicht erwarten, dass endlich unser Mix erklingt.

Dafür muss er aber erst einmal Detlef zugespielt werden. Dieser gibt gerade das unsterbliche »Wild Boys« von Duran Duran zum Besten. Meine Klassenkameraden Korni, Rollo, Schenker und Ormel springen wild um einen Kreis 1-2-Tip tanzender Mitschülerinnen herum.

Lennz fragt sehr ernst: »Wer bringt den Mix hoch?«

Pause.

Die Kassette schlummert in meiner Jacke. Wir haben sie aus diplomatischen Gründen »Rock-Mix« getauft.

»Also – ich kann ja mal hochgehen«, stolpert es aus mir heraus.

Pause.

Lennz und Donner gucken sich an, rauchen.

»Echt?«, fragt Lennz.

Ich nicke. »Ja!«

Donner fordert streng: »Er muss es aber auch wirklich spielen! Sag ihm das!«

Ich nicke. »Ja, klar!«

»Alles – die ganze Seite!«, meint Lennz.

»Logo!« Ich nicke noch heftiger.

44

Detlef schiebt gerade »Africa« von Rose Laurens ein, und alle tanzen. Unfassbar, aber wahr!

Ich nehme die »Tanzbar« ins Visier und erklimme zielstrebig die Showtreppe. Vor den Augen aller! Aber niemand sieht es.

Detlef schaut mich an. Er lächelt und nimmt

seinen Kopfhörer runter, den er nur an einer Seite ans Ohr hält. »Womit kann ich dienen?«, fragt er lächelnd.

Ich reiche ihm unsere schwarze »Rock-Mix«-Audiokassette.

Er zieht wichtig die Augenbrauen nach oben: »Warte kurz!«

Dann schnappt er sich sein Mikro, zwinkert mir zu, bewegt die Regler und verkündet voller Charme: »Von Afrika nach Berlin – eine Weltreise im Leben – bei uns ein Panthersprung! Hier sind Silly – ›Bataillon d'Amour‹!«

Ich schaue aufs Parkett. Die Tanzgemeinschaft ändert sich nicht. Detlef setzt auf Bewährtes, will heißen: Wer tanzt, soll weitertanzen.

»So, jetzt aber!« Er beäugt unsere Kassette. »Rock-Mix? Was ist da drauf?«

»Ist für die Rockerrunde!«, rufe ich.

Detlef schaut mich lieb an und grinst. »Fürchtegott und so?«

Ich nicke.

»Bist du jetzt bei den harten Jungs, Carsten?«

Er kennt meinen Namen! Kurzer Panikschub – egal! Ich nicke entschieden.

»Na, das ist doch prima! Ich guck mal, was sich machen lässt.«

Das heißt erst einmal gar nichts.

Er setzt seine Kopfhörer auf und verschwindet wieder im Dschungel seiner Kassettensammlung.

45

Nach ungefähr einer weiteren Stunde tanzbarer Popmusik (einzig hörbare Nummer: »Rebel Yell« von Billy Idol) erklingt endlich unser Opener »Highway to Hell«.

Fürchtegott und seine Bande springen grölend auf.

Lennz und Donner erwachen aus ihrer lethargischen Coolness und ich drehe völlig durch vor Glück und rase wie ein Kugelblitz zum Parkett. Wieder im Rausch des Zappelns und Kopfschüttelns, wuchte mich in die schrillen, lauten Akkorde, verausgabe mich komplett.

»Paranoid« wird mit einem noch größeren Johlen der Altrocker begrüßt, und spätestens als Deep Purples Hymne »Smoke On The Water« erklingt, ist der ganze Berserkerhaufen von Zottelbären und

Mähnenfeen mit dem dumpfen Gewitter der E-Gitarren vereint.

Als »Breaking the Law« von Judas Priest läuft, hören die Altrocker auf zu hotten. Sie schauen verwundert zu Detlef hoch, fuchteln fragend mit den Armen, während Lennz und Donner völlig versunken durchdrehen und auch ich nur noch auf und nieder hopsen kann.

Fürchtegott und seine Wikinger schauen uns missmutig an.

Dann ist es so weit: Die Katze schreit. »The Hammer« beginnt.

Die Rockerbande verlässt den Tanzboden, Lennz, Donner und ich bleiben und drehen jetzt komplett durch. Mit ein paar wenigen anderen Verbliebenen drehen wir unsere Zappel-Pirouetten des Irrsinns und der Freude.

»Bist du bescheuert? Was ist das für ein Scheiß? Dazu tanzt keiner!« Neben mir steht Fürchtegott und schreit mich an.

Ich hopse hochrot weiter und tue so, als würde ich ihn nicht hören.

»Ey, ich rede mit dir!«

Der Rocker-Boss, der als »Ernte« früherer Schlägereien eine Metallplatte in seiner rechten Hand hat, kommt mir mit seiner Stirn sehr nah, doch ich versuche, so zu tun, als wäre er nicht da. Ich tanze wild weiter und drehe ihm zappelnd den Rücken zu.

Da packt er mich an der Schulter und stößt mich von sich, ich stolpere quer über die Tanzfläche. Ich versuche, mich zu fangen, er schubst mich wieder, ich kann mich nicht mehr halten und falle aufs Parkett. Jetzt geht alles sehr schnell.

46

+++ Fürchtegott über mir. Schreiend! +++ Donner kommt angerast, schubst Fürchtegott zu Boden. +++ Der springt wieder auf. Blitzschnell! +++ Er schlägt Donner die Faust ins Gesicht. +++ Donner taumelt, landet auf dem Tisch, an dem die römischen Elfen sitzen und rauchen. +++ Die springen auf, kreischen, rennen weg. +++ Ich rappele mich auf, will Donner helfen. +++ Fürchtegott ist voll in Fahrt, packt Donner am Kragen, schmeißt ihn in die Tische rein, schlägt wild auf ihn ein. +++ »Stone Dead Forever« beginnt! +++ Lennz und ich versuchen mit vereinten Kräften, Donner aus Fürchtegotts Klauen zu be-

freien. Keine Chance! +++ Fürchtegotts Bruder Helf-
gott und die bärtigen Zwillinge Wolf und Wolfgang
beginnen, uns nach Strich und Faden zu verprügeln.
+++ Ich kann mich nur noch einkringeln und versuche, mit meinen Armen mein Gesicht zu schützen.
+++ Stoisch verkünden Motörhead: *But the time has
come to pay / Turns out to have been a play / Whatever
happened to your life? / Stone Dead Forever!* +++

47

Donner kam nicht aus dem Städtchen. Donner
kam vom Dorf. Sein Vater war Bauer, sein Groß-
vater auch, und auch seine Dorfkumpels. Bauern
halten zusammen.

Es gab damals den Spruch: »Schlägerei in der
Disco – kann immer mal passieren. Hauptsache,
die Bauern kommen nicht!« Aber an diesem Abend
kamen die Bauern! Und aus einem kleinen Genera-
tionenhassel unter Rockern wurde eine Saalschlä-
gerei. Zu dem wütenden, aggressiven »Stone Dead
Forever« von Motörheads »Bomber«-Album muss
die geneigte Leserschaft sich noch schreiende, ja
kreischende Frauenstimmen vorstellen. Dann

mischten sich bald auch Unbeteiligte ein, darunter auch meine »Wild Boys« Korni, Rollo, Schenker und Ormel. Die Wut der Musik und die radikale Direktheit der Schläge zwangen sie praktisch, mitzumachen. Das sind nun mal die vegetativen Befehle dieses Lebensabschnittes.

48

+++ Ich liege auf einem Tisch – um mich herum herrscht Zeter und Mordio. +++ Dreißig, vierzig Jungs und Männer dreschen, hauen, prügeln aufeinander ein, schieben sich für den nächsten Schlag zurecht, +++ werden überraschend von hinten getreten, fallen mit den Armen wedelnd zu Boden. +++ Am Rande des Pulkes versuchen Heinz und Michi, die mit roten Armbinden ausgestatteten Ordner des Saals, Herren der Lage zu werden, aber auch sie kassieren Tritte und Schläge und schaffen es nicht, die prügelnde Horde zu entzerren. +++ Der letzte Ton von »Stone Dead Forever« ist erklungen. +++ Tanzbär Detlef spricht mahnende Worte in sein Mikrofon: »Lasst uns wieder zur Ruhe kommen. Wir sind doch hier, um Spaß zu haben! Keiner will, dass die Polente kommt!« +++ Jemand zieht kräftig an meinem Hosenbein. +++ Ich lande unter den Tischen. +++ Da ist Lennz, er sieht erstaunlich unverdroschen aus. +++ Mädels und Frauen, Lady Anne und die Zwillings-Elfen winken und rauchen dabei lässig. +++ Lennz gibt mir einen Stoß. +++ Wir Feiglinge krabbeln auf allen vieren unter den Tischen in Richtung Ausgang. +++ Wo ist Donner? +++ Lebt er noch? +++

49

Motörhead hatte die gemütliche Freitagabend-Sommer-Sause im Mecklenburger Süden gesprengt. Der Tornado aus dem fernen England hatte das kleinbürgerliche Schunkel-Ritual verwüstet, und den Altrockern blieb nichts anderes übrig, als sich zu wehren. Und wir, die drei einsamen Heavys aus der Saalecke, die dem Speed fressenden Ungetüm Snaggletooth doch erst Gelegenheit verschafft hatten, hier seine Rock-'n'-Roll-Botschaft in die fragile DDR-Kleinstadtgesselligkeit zu knurren, standen am Ende dieses glorreichen Abends vor dem Kulturhaus Juri Gagarin neben Tresenwirt Mekki und den Volkspolizisten Peter und Torsten und rauchten genüsslich mit blutverkrusteten Lippen unsere f6. Wie Donner es geschafft hatte, dem Zorn Fürchtegotts zu entkommen, sollte in den nächsten Jahren zu einer Legende werden, von der viele abenteuerliche Variationen entstanden. Er selber erzählte immer nur was vom rettenden Fenster der Damentoilette.

Am Ende blieb die Frage: Wie kriegen wir unseren »Rock-Mix« zurück? Reumütig zu Tanzbär Detlef kriechen, vorbei an den grimmig blickenden, rachsüchtigen Lederrockern? Warum sollten sie uns unbehelligt des Weges ziehen lassen? Keine Option, ausgeschlossen!

Also flüchteten wir uns in die Rekapitulation der jüngsten Ereignisse.

50

+++ »Wie er die Treppe runter ...« +++ »... und auf dich los ist ...« +++ »Ey! Ich hatte Riesenschiss ...« +++ »Der Fressenschlag war voll hart!« +++ »Voll hart!« +++ »Aber du hast überhart zurückgeschlagen!« +++ »Da hat er geglotzt!« +++ »Ja! War richtig am Taumeln!« +++ »Ja, und seine Rache war

heftig! So schnell, die Schläge ...« +++ »Voll hart!«
+++ »Ja! Obervollhart!« +++ »Hier, eure Kassette!«

Jemand hält uns die schwarze Kassette ohne Hülle
vor die Nasen. Es ist eindeutig unser Mix, gehalten
von einem Jungen, den ich vom Schulhof kenne. Er
geht in die Klasse unter mir und wird von allen wegen seiner tiefschwarzen Haare Kater genannt.

Er trägt ein T-Shirt mit einem Drachenkopf
drauf, darüber steht »IRON MAIDEN«, und er
grinst lässig.

»Ey, cool«, sage ich. »Danke!«

»War obergeil!«, sagt er.

»Ja, ne?«, gebe ich geschmeichelt zurück.

Nach einer kurzen Pause kommt von Lennz
»Geiles Shirt!«, woraufhin Kater stolz »Eddie, von
Iron Maiden« sagt. Mir rutscht etwas dümmlich
»Hammergeil!« heraus, und Donner fügt dem
noch ein »Affengeil!« hinzu.

51

Kater wurde der nächste Heavy in unserem Bunde.

Und mit Kater kamen Shirts.

Und mit Kater kam Vinyl.

Nur noch mal zur Erinnerung: Wir schreiben das Jahr 1987, wir sind im Süden Mecklenburgs, und es ist Hochsommer. Die Seen sind voll mit Fischen, Menschen und Booten, in denen die Menschen essen, trinken und schmusen.

Aber das tut hier nichts zur Sache – noch nicht.

Viel wichtiger ist es, zu begreifen, dass Musik zu dieser Zeit nur Musik war. Eine Band, die man heiß und innig liebte und permanent hörte, bestand nur aus Musik. Es gab keine Instagram-Accounts oder YouTube-Videos. Und da in den staatlichen Musik- und Jugendmagazinen der DDR, »Melodie und Rhythmus« und »Neues Leben«, über Musik aus dem westlichen Ausland im Allgemeinen und Heavy Metal im Speziellen wenig bis gar nicht berichtet wurde und ich selbst noch keine Platten besaß, kannte ich keine Fotos der Bands und musste mir die Musiker im Kopf selbst zusammenfabulieren. Motörhead war für mich Snaggletooth, das Monster, hinter dem ich eine fünfköpfige Männerbande vermutete, deren Mitglieder alle so aussahen wie die Brüder Manne und Wolle Menzel aus meinem Städtchen: Bluesrocker in Schlaghosen und weit aufgeknöpften Oberhemden, die Ärmel immer hochgekrempelt. Außerdem trugen die beiden hell- und dunkelbraune Kunstlederblousons und hochhackige Stiefeletten, sie hatten normal lange Haare, Wolle hatte einen Schnauzer, Manne fette Koteletten, und genau so stellte ich mir Motörhead vor.

Aber neben der Musik war Motörhead für mich vor allem das Bandlogo. Das Logo war das Gesicht der Band. Erklang »The Hammer«, sah ich vor meinem inneren Auge zuerst den Schriftzug und erst dahinter unscharf fünf Blueser mit Koteletten und Schnauzer in Stiefeletten.

Die korrekte grafische Darstellung des Logos auf Shirts, Shorts und Jacken war von immenser Bedeutung. Das Motörhead-Logo war ein Code der Zusammengehörigkeit. Ein Code, der signalisierte, dass man einer anderen, nicht staatlich arrangierten Jugendbewegung folgte. Es war der Beweis, dass man es ernst meinte. Und die optische Qualität des Logos bewies, ob man Westverwandtschaft hatte oder nicht. Lennz hatte Verwandte hinter dem deutsch-deutschen Stacheldraht. Donner nicht, ich nicht, Kater nur indirekt.

Lennz' Motörhead-Shirt war ein Original, Donners AC/DC-Shirt eine sehr gekonnte Imitation, Katers Iron-Maiden-Shirt war eine perfekte Kopie. Ich hatte gar kein Shirt, nicht mal eins ohne Druck. Aber so einen Snaggletooth durch das Städtchen zu tragen, das schien mir genau das Signal zu sein, mit dem ich mein Innerstes nach außen senden konnte. Was tun?

Kater wusste Rat. Er beherrschte die Kunst des Zeichnens und setzte die früh erlernte Technik des Abpausens ein, um die Originalmotive in angemessenem Maßstab von Papier auf Stoff zu bringen. Er lehrte mich die einzelnen Schritte vom Pauspapier zum T-Shirt-Stoff, vom Bleistift zum Pinsel, mit dem man die Textilfarbe auf die Fasern des überteuerten T-Shirts auftrug.

Dass Fleiß immer nur Teil der Lösung sein kann, wurde mir klar, als ich nach rechtschaffener Ausführung aller erlernten Arbeitsschritte mein Snaggletooth-Shirt am nächsten Morgen betrachtete und feststellen musste, dass ich weder in der Einschätzung der Proportionen noch in der Fähigkeit des Kopierens mit grafischem Geschick gesegnet war.

Im Sommer '87 hatte es in meiner Größe nur noch hellblaue Shirts zu kaufen gegeben, und da auch bei den Textilfarben Angebotsmangel herrschte, war mein Snaggletooth weinrot. Außerdem war mir die Pausvorlage verrutscht, als ich sie auf das Shirt gelegt hatte, und so war der weinrote Snaggletooth nicht nur nicht mittig, sondern auch schief. Das sorgte natürlich für mächtig Häme, und ich selbst fand das Ergebnis auch nicht so toll.

Aber egal! Ich schnitt die Ärmel des T-Shirts ab und hatte damit ein ärmelloses blaues Shirt mit einem schiefen weinroten Snaggletooth auf der Brust, und das in Südmecklenburg in den Achtzigern.

Wer hatte das schon? Genau! Keiner!

53

»Oh, oh, oh! Nich einpennen. Wir sin noch nich durch.«

Ich öffne die Augen und sitze auf einer kleinen Betontreppe gegenüber vom Juri. Die Sonne steht hoch, um mich herum alles staubig, still und grau, weit und breit keine Menschenseele. Dafür ist Memphis der Teufel wieder zurück. Er steht vor mir und scharrt mit den Hufen.

Nein, das tut er natürlich nicht, aber immerhin ist das hier ein Gedankenfluss über Motörhead, und auch Lemmy war nie um Plattitüden verlegen. Im Gegenteil! Es machte ihm große Freude, sie in die Musik einzuflechten, und er nutzte jede Gelegenheit, um darauf hinzuweisen, dass die große Mehrheit seiner Texte in weniger als zehn Minuten entstanden sei.

»Wohin soll denn die Reise geh'n?«

»Wohin?«

»Sag, wohin, ja, wohin?«

»Wo wir den bunten Sommer seh'n.«

»Dahin?«

»Ja, dahin!«

54

Der Deibel und ich spazieren an Menschen vorbei, die wegen irgendetwas Schlange stehen. Im Vorbeigehen erkenne ich meinen Vater, wie er gerade mit einem Mann hinter einem Marktstand lacht und Hände schüttelt.

»Dein alter Herr hat doch immer so 'n großes Seefest klargemacht. Mit 'nem riesigen Flohmarkt. Un wir sin nu hier, um zu kieken, ob es wohl een oder zwee gute Scheiben aus 'm Westen gibt. In Original!«

Aha. Es klingelt.

Tatsächlich war die Chance, an Waren aus den fernen Ländern westlich der DDR-Staatsgrenze zu kommen, auf diesen riesigen Flohmärkten sehr groß. Neben vielen Anbietern echter und kopierter Westklamotten, Kleintierhändlern und Werkzeugschacherern gab es auch einige Schallplattenhändler. Fast alle dealten sowohl mit raren Originalen als auch mit Fälschungen aus der Tschechoslowakei, Polen und der Sowjetunion.

Am heutigen Tage gibt es nur einen Händler, der sich der E-Gitarren-Musik verschrieben hat. Kater und ich blättern zielstrebig durch die Holzkisten voller Vinyl. Und ja, in Plastikfolie eingeschweißt schimmern einige Originale wie edle Trophäen hervor: Saxon, Priest, Sabbath, Metallica, Maiden! Kater stößt mich an und zeigt mir aufgeregt seinen neusten Fund – das Album »Black Metal« von Venom. Sehr geheimnisvoll! Die haben auch einen

Teufelskopf auf dem Cover, der Memphis verblüffend ähnlich sieht. Venom sind Lennz' zweite Lieblingsband und klingen ähnlich dreckig und schnell wie Motörhead. Aber mir sind die Lieder, die ich kenne, zu langsam.

Ich wende mich wieder der Plattenkiste zu, die ich gerade durchforste, und entdecke ein Cover mit einer heftigen Comiczeichnung. Eine Dampflok rast durch die Nacht. Alles glüht auf diesem Bild. Die Schienen, die Räder. Die Nacht drum herum schimmert bedrohlich. Aber eindeutiges Zentrum des Bildes sind die zwei grell glühenden Augen im Kopf der Lok, darunter ein weit aufgerissenes gieriges Maul, aus dem zwei gigantische Wildschweinhauer nach oben ragen. Das Bild schreit mich an. Ich suche nach dem Bandnamen, und ganz oben, fast nicht erkennbar, steht: Motörhead. Ich ziehe die Platte aus der Kiste, drehe sie um, und in diesem Moment sehe ich die Band zum allerersten Mal: Lemmy, Phil Campbell, Würzel und Pete Gill, der Drummer. Alle haben sie diese oberkrassen Lederjacken an. Und ebenso krasse lange Haare. Schock! Schock! Schwere Not!

»Ey, Kater! Kater! Komm her!« Ich halte das in

Sekundenschnelle unermesslich wertvoll gewordene Vinyl hoch. »Motörhead!«, stammele ich.

»Urst Geil!«, raunt Kater ehrfurchtsvoll. »Orgasmatron! Die neuste Platte. Das musst du machen. Die ist original! Geiler geht's nicht!«

Mir ist schwindelig. 120 Mark habe ich noch vom Meliorationslohn in der Tasche. Alles andere ist für Rekorder, Jeansklamotten und Leerkassetten draufgegangen.

Ich schlucke. »Was kostet die?«, frage ich den zotteligen Berliner Markthändler.

»Darf ik mal?«

Ich reiche ihm die in Folie eingeschweißte LP.

»Steht doch hier! 75!«

Oh Gott! 75 Mark für eine Platte.

Hilflos schaue ich Kater an.

»Hart!«, kommt von ihm.

Schwer atmend betrachte ich das ersehnte Vinyl in den gelben Tabakfingern des Händlers. Mir ist schlecht. Das wäre meine erste eigene Platte. Und gleich von Motörhead! Ich rechne: 120 minus 75 macht 45. Das wäre immer noch mehr, als ich vorm Sommer hatte.

Puh!

Ich krame mein Geld hervor, zähle die geforderten 75 Mark ab, tausche sie gegen die Platte und schleiche mich zu Kater.

»Ich hau ab hier. Kommst du mit?«

Kater nickt.

Überwältigt verlassen wir den Markt, und erst nach und nach kommt wieder Blut in unsere Beine. Wir radeln wie von außerirdischem Licht getragen in Richtung Elternhaus und legen dort das erhabene Vinyl-Ungeheuer auf den kleinen Plattenspieler meiner Eltern. Es fühlt sich an, als würden wir einen Hochofen in eine Kleingartenanlage stellen.

55

War »The Hammer« der kreischende Funke, der meine Sehnsucht nach Chaos und Raserei entzündete, so wurde »Orgasmatron« mein Heiligtum, sozusagen die Reliquie in meinem Motörhead-Schrein. Sie war meine erste Platte überhaupt und mein öffentliches Bekenntnis, ein Motörhead zu sein.

Mit »Orgasmatron« begann für mich der Ernst des Metal- und Punkhörens.

Der Titelsong, »Orgasmatron« also, ist für mich der zentrale Motörhead-Song und meine ewige Nummer zwei (zu Nummer eins komme ich gleich noch). Er ist in seiner stumpfen, absoluten Grimmigkeit für mich der kompromissloseste Song dieser rabiaten Spötter. So humorlos, so anklagend und aggressiv, so unerbittlich in seinem Zorn auf Lüge, Zynismus, Politik, Krieg und Kirche zeigte sich Lemmy, der sonst so lässige Rocker, der grinsende Lästerer, danach nie wieder. In anderen bitteren Motörhead-Songs wie »Brave New World« oder »Stone Dead Forever« findet er immer noch Halt im Rock 'n' Roll, im Humor oder im Rollenspiel, ob als Desperado oder Maniac. Einen solchen Halt gibt es in »Orgasmatron« nicht.

Im »Ring des Nibelungen« hat Richard Wagner die Figur Erda erfunden. Sie ist die allwissende Weltenseele, die Urmutter allen Lebens. Sie kennt der Zeiten Läufe und warnt die Götter und Menschen vor ihrem Niedergang.

»Orgasmatron« ist für mich ihr grimmiger Bruder.

Kilmister stellt der Welt, all ihren Ideologien und Geschichtserzählungen ein zerschmetterndes

Zeugnis aus und leugnet jegliche Hoffnung auf endgültige Vernunft. So wie Erda wohnt auch der »Orgasmatron« im tiefsten Keller der Erde, und wenn er sich bequemt zu sprechen, ist es schon zu spät: *I twist the truth, I rule the world, my crown is called deceit. I am the emperor of lies, you grovel at my feet!*

56

Aufgrund einer Reiseerleichterung für Rentner der DDR im Zuge der Perestroika durfte auch Katers Oma für zwei Wochen nach Westberlin zu Verwandten reisen, und weil sie eine großartige Oma war, bot sie Kater an, ihm etwas mitzubringen. Kater schaltete schnell und wünschte sich natürlich Vinyl.

Ich habe mich immer gefragt, wie das wohl gewesen sein mag, als Katers Oma mit einer von uns erstellten Einkaufsliste im großen, fernen Westberlin, der ummauerten Konsuminsel, im Plattenkaufhaus World of Music die »Ace of Spades« gekauft hat. Dank meines Reiseleiters Memphis darf ich nun endlich, nach 34 Jahren, diese stolze Szene nacherleben. Sketch up!

57

Oma: »Guten Tag!«

Verkäufer: »Tach!«

Oma: »Bekomme ich bei Ihnen Rockplatten?«

Verkäufer: »Kommt drauf an!«

Oma kramt einen Zettel hervor. »Einmal Mo-tör-he-ad bitte!«

Verkäufer: »Welche Platte?«

Oma: »Wie bitte?«

Verkäufer: »Der Titel der Platte!«

Oma: »Ah ja! Ich buchstabiere: A-C-E, zweites Wort O-F, neues Wort …«

Verkäufer: »Hab ick! Noch wat?«

Oma: »Ja!« Sie studiert die Liste. »Einen Metall Hammer!«

Verkäufer: »Hab ik ooch! Noch wat?«

Oma: »Moment bitte! Hier steht noch: ›Und einen Mo-tör-he-ad-Anstecker!‹« Sie schaut auf. »Bitte!«

Verkäufer: »Jut!«

Der Verkäufer sammelt die bestellte Ware ein, schlenzt zur Kasse und boniert den Preis.

Verkäufer: »Dit macht 24 Mark 29!«

Katers Oma öffnet ihre Geldbörse und bezahlt mit zwei blauen 10-DM-Scheinen und einer 5-DM-Münze.

Der Verkäufer tütet Platte und Magazin in die hauseigene blau-weiße Plastetüte der vertreibenden Handelskette. Dann hält er den Motörhead-Anstecker hoch. »Soll der ooch da rin?«

»Nein, lieber hier rein, sonst geht er noch verloren.« Sie öffnet ihr riesiges Kellnerportemonnaie, und er wirft den Anstecker gekonnt hinein.

58

Spätestens mit der Jubiläumsausgabe zum 40. Jahrestag der Veröffentlichung ist über »Ace of Spades« alles erzählt. Das Album gilt als das frühe Meisterwerk der Band, eine Ansammlung von bluttreibenden Ohrwürmern und Nacken-Ausrenkern.

Der Sound der Platte setzte sich als Motörhead-Standardsound durch, und nach dem Ausstieg des Gitarristen »Fast« Eddie Clarke mussten sich alle Gitarristen, auch der dienstälteste treue Phil Campbell, an dessen Riffs und Soli messen lassen.

»Ace of Spades« ist zusammen mit »Highway to Hell« von AC/DC, Led Zeppelins »IV«, Nirvanas »Nevermind«, Metallicas »Master of Puppets« und vielleicht noch zwei, drei weiteren eine der größten Rockplatten aller Zeiten. Insofern ist dazu tatsächlich alles gesagt.

Kater und mich versetzte es in einen neuen Seinszustand. Das Cover, das Tempo der Songs, das Chaos, der Lärm, die ungezügelte Wildheit – all das veränderte unsere Wahrnehmung der Welt. Wie in einem Raumschiff segelten wir durch die folgenden zwei Jahre als unantastbare Glücksritter. Wir hatten nur eine Mission. Diese Mission hieß Rock 'n' Roll. Und die Anführer unserer Mission waren Motörhead.

Wir waren so beflügelt und so überzeugt davon, in der Musik der lautesten Band der Welt die Antworten auf alle Fragen gefunden zu haben, dass uns herzlich egal war, was der Rest vom Schützenfest von uns dachte. Wir waren Freunde, wir lachten viel, wir zechten gern, und wir waren unsere eigenen Helden. Punkt!

»So! Zeit für den Rücktörn!«, sagt der Teufel.

Wir stehen vor meinem kleinen Elternhaus. Kater radelt gerade beseelt von unserer »Orgasmatron«-Listening-Session nach Hause.

»Ik muss. Der Deibel wird woanders auch gebraucht! Aber ik hab eine Sürpris für dich!«

»Sürpris?«

»Ja, Sürpris!«, sagt er listig. »Klingt doch bannig schöner in Frenschwelsch, oder nich!«

Wo er recht hat, hat er recht!

»Komm!«, sagt Memphis. »Ik nehm dich huckepack, min Lütten. Brauchst ein bisschen Ruh.«

Ich setze mich wie ein Kleinkind auf seinen Rücken, und er rennt unsere Straße runter, über den Haussee und den Amtswerder zum Schmalen Luzin. Wieder nimmt er Anlauf, wieder springt und stürzt er ins weiche Wasser unserer Seenplatte und wieder tost die Zeitschleuder, die mich in wacher Ohnmacht aus den längst vergangenen Tagen hinfortträgt.

Es sind knapp drei Stunden vergangen, seit wir hier am Teufelsstein im Hullerbusch unseren Törn begonnen haben. Jetzt brütet die Sommerhitze über den hohen Buchen meiner Heimat, und ich schlittere mit weichen Knochen von des Teufels Buckel.

»So, min Jung. Mehr geht heut nich. Ik muss nu gleich weiter nach Tahiti. Da beginnt gleich der nächste Tag. Luzifer un ik müssen schnell mal Präsenz zeigen, wie all die andern Feen, Deibel un Elfen, damit der Zeiten Maß sin Ordnung hat un wir in aller Ruh so 'n Quatsch wie grad abfeiern können.«

»Ja, ja! Alles klar! Ist ja Sommerzeit! Ich versteh kein Wort, aber schöne Grüße unbekannterweise an die Götter von Tahiti und an deinen Kompagnon Luzifer.«

Er lacht dreckig. »Nee, der is keen Kompagnon, sondern nur der andere Deibel.«

»NU DENN, DU OLLER DEIBEL, HEB DOLLEN DANK FÖR DE GROTEN TÖRN!«

Er kichert. »NA KIEK! 'N BETEN PLATT KUMMT IMMER NOCH UT DI RUT!«

Ich kichere. »NA WOHL DAT! KIEKEN, KA-KELN, KOKELN!«

Beide kichern wir. Dann setzt er seinen Zylinder nochmals fest zwischen seine Hörner. »Din Sürpris wartet übrigens unten am Kesselmoor auf dich.«

»Aha! Dann guck ich da mal hin! – Aber sag mal, wieso eigentlich Memphis und nicht Nashville?«

»Oh, viel zu große Frage.« Er massiert mit seiner Hand sein teuflisches Kinn, dann kommt er ganz nah an mein Gesicht und raunt: »So viel sei dir gesagt: Es gibt keen größeren Ozean auf Erden als den Blues. In ihm is alles tu Huus. Auch der Country! Un alles im großen Ozean Blues is een Mirakel. Warst du schon mal am Grunde eines Ozeans?«

»Nee!«

»Siehst du! Alles een Mirakel!«

»Aha! Und Luzifer?«

»Der olle Luzi kommt vom Feuer. Immer heiß und wütend. Kann froh sein, dat er mich hat. Weißt du, wat seine Lieblingsband is?«

Ich schüttele natürlich den Kopf.

»Slayer! Witzig, ne?« Dann rollt er den Findling, der seinen Namen trägt, beiseite und öffnet damit eine dunkle Kluft aus Erde und Hall.

Ich springe zur Seite.

Memphis kichert. »Keen Angst. Dich hol ik erst in bannig Jahren. Sieh zu, dat du zum Kesselmoor kommst. Din Sürpris hasst dat Warten.«

Er hebt den vier Meter hohen Findling über den Kopf, springt krachend in die höllische Kluft, und der Findling versinkt wieder im Waldboden über dem Zansen, als wäre seit der Eiszeit nicht mehr an ihm gerüttelt worden.

61

Ich schleppe mich gerädert den Hang runter in Richtung Kesselmoor und bin nach diesem Trip eigentlich viel zu müde, um eine Überraschung zu ertragen.

Das Moor liegt zwischen uralten Buchen in einer Senke am tiefsten Punkt des Waldes.

Hier ist es immer feucht. Hier ist es immer einsam.

Ein fragiler, von fleißiger Menschenhand gezimmerter Holzsteg aus jungen Baumstämmen führt den neugierigen Besucher in die Mitte. Wie es sich wohl anfühlt, wenn man in das Moor steigt, in diesen gierigen Schlund von Mutter Erde, und dort langsam von den Schlicken und Krämpfen des feuchtnassen Bodens hinuntergeschluckt und zerquetscht wird? Oder lebt man vielleicht doch weiter, nur auf einer anderen Ebene der Wahrnehmung und des Seins?

Meine Knie sind Kaugummi und mein Schädel surrt. Tinnitus! Wie nach einem Konzert.

Das lauteste Konzert, das ich je erlebt habe, war ganz sicher das der Doom-Metal-Band Sunn O))) im Berliner Berghain. Am Eingang wurde mir Ohropax gereicht. Ich lehnte beleidigt ab, wurde aber bestimmt zurechtgewiesen: »Mit Ohropax oder jar nüscht. Klaro?«

Das war die Ansage der muskelgestählten Türkraft, und Widerrede hätte zum Rausschmiss geführt, also gehorchte ich.

Als dann der Bassist der Band zu Beginn des Konzertes seine tiefe A-Saite zum ersten Mal anschlug, begann der Schlag meiner Hose zu vibrieren. Mehr als das, er flatterte geradezu im Wind des Sounds. In diesem Moment dankte ich dem Türsteher für seine preußische Fürsorge.

Während des Konzertes wagte ich es einmal kurz, das Ohropax rauszunehmen, und der Lärm war höllisch. Wunderschön höllisch. Wirklich beeindruckend! Es war eine schaurig-schöne Wohltat, sich auf diese Hölle einzulassen.

Und ich tat es oft. Auch bei den Melvins, bei Rammstein und manch anderer Metal-Combo, aber ich tat es nie bei der lautesten Band der Welt. Ich tat es nie bei Motörhead, denn ich habe Motörhead nie live gesehen.

»Wie bitte? Skandal! Nehmt dem Mann die Feder aus der Hand, die Finger von der Tastatur! Er ist nicht berechtigt, über Motörhead zu schreiben, wenn er nie auf einem …«

»Stopp, einmal habe ich sie doch gesehen, jawohl! In Wacken, 2013! Für ungefähr eine halbe Stunde. Lemmy, Phil und Mikkey! Am Nachmittag hatten meine Kollegin Sasa und ich gar die Ehre, Mikkey für den Norddeutschen Rundfunk zu interviewen. Aber das war gar nicht so vorgesehen. Denn eigentlich sollte unser Interviewpartner Ian Fraser Kilmister sein. Jawohl! Lemmy himself! Aber es wurde geraunt, er säße in seiner Garderobe, lese »Krieg und Frieden« von Tolstoi und wolle nicht gestört werden, weil es ihm nicht so richtig spitzenmäßig gehe.

Das Konzert begann dann trotz der beunruhigenden Gerüchte furios. Sasa und ich waren komplett im Rausch. Ich war beseelt und fühlte mich wieder wie mit fünfzehn vor der Schrankwand im elterlichen Wohnzimmer.

Und es war laut, sehr laut. Und natürlich trug ich kein Ohropax.

Es fühlte sich an, als wäre es mein 369. Konzert von Motörhead und nicht mein erstes. Die drei Speedfreaks waren mir vertraut wie wirklich uralte Buddys, obwohl ich sie natürlich nie kennengelernt habe. Das ist unglaublich!

Es war räudig, schön und lustig.

Bis zu dem Moment, in dem Lemmy hinter den Drums verschwand.

Wir warteten sicher drei Minuten, bis Phil Campbell so etwas wie »We'll be right back!« sagte.

Nach weiteren neun Minuten brach großer Jubel aus, als Lemmy zurück auf die Bühne kam. Er trat an sein Mikro, wirkte sehr aufgeräumt und cool und sagte sinngemäß: »I am sorry, guys! I am not in a good constitution. I have to finish for tonight! We will be back next year. I am so sorry. My heart is broken!«

Und dann ging er.

Phil und Mikkey verließen ebenfalls die Bühne, und das erste Motörhead-Konzert meines Lebens war schon wieder zu Ende. Es blieb mein letztes.

62

»That was close. My Doctor said: It's time to relax!«

Oh! Was ist das? Aus dem Kesselmoor kam die Stimme nicht, denn da starre ich seit einiger Zeit gedankenverloren hin, ohne etwas wahrzunehmen. Sie kam offenbar aus dem Dickicht. Ich versuche zu erkennen, wer zu mir gesprochen haben könnte, aber ich sehe niemanden.

Da tritt aus dem Schatten des Waldes eine Gestalt hervor, und ich muss euch ohne Umschweife berichten, dass Lemmy Kilmister vor mir steht. Er trägt ausnahmsweise keinen Hut, aber ein weit aufgeknöpftes schwarzes Hemd mit hochgekrempelten Ärmeln und darüber eine Weste mit einem Snaggletooth- und einem Pik-Ass-Aufnäher.

»I am your surprise!«, grinst er lausbübisch. Er bündelt sein Haar mit seinen beringten Fingern nach hinten, während eine Zigarette zwischen den Lippen qualmt. »That was fucking serious in Wacken. But I recovered and we rocked the stage again the following year.«

Lemmy im Hullerbusch! Völlig unglaubwürdig! Ich schiebe die Erscheinung auf meine Erschöpfung und bin geneigt zu glauben, dass ich holographisch halluziniere.

Eine Zeitreise kostet Kraft und Nerven und vielleicht auch mehr Verstand, als ich bisher angenommen habe.

»Is there a bar somewhere around here? I am thirsty«, sagt das Hologramm, das sich jetzt auf eine Holzbank setzt. Ich kenne Lemmy bisher vor allem von Livefotos: auf der Bühne, backstage oder im Studio. Und nun sitzt er vor mir, auf einer Holzbank im mecklenburgischen Wald.

»Yes, there is a place called Luzinhalle. It's a short walk and a little ride on a very small ferry with Timtim the ferryman.«

»Timtim! Sounds like a hi-hat.«

»It means crazy, but in a lovely way.«

»Alright then! Let's meet Timtim! The crazy ones save our souls and graves from the boot-lickers«, sagt er und geht los in Richtung Hühnen-grab.

Ich folge ihm. Wir stiefeln durch den Wald.

»The last time I was in the nature like this was in Wales, I was 13 and on a camping trip. Me and a friend were sneaking around the trees to find the girls' tents. You like it here?«

»Yes. I grew up here. Above the moor there's the devil's gate. Sometimes we meet there.«

»It's always better to meet the devil.«

»Yes, it is! And this one's especially funny.«

»He is? I think he's a coward. He's afraid of Luzi-fer. Did you ever meet a funny coward?«

Er lacht wie eine meckernde Ziege. Ich kichere mit.

»I don't remember«, sage ich.

»There's none! Not one in the whole world! As a coward you can only be a politician or an idiot. And both are completely humourless.«

»Especially politicians!«, werfe ich mutig ein.

»And catholic priests!«, setzt er noch einen drauf. Er geht strammen Schrittes, als wüsste er genau, wo es langgeht, und zündet sich eine weitere Zigarette an. Und das im Hochsommer inmitten des ausgetrockneten Waldes.

Ich muss an die Feuersirene, die brennende Schrottkuhle und meinen Albtraum denken.

Lemmy reicht mir seine Marlboro-Packung. Ich nehme mir eine. Wir bleiben beide stehen, er gibt mir Feuer.

»You are right. The devil is not a coward, because he's not a catholic priest. But he runs like a feverish lizard. And that's disgusting!«

Jetzt lacht er laut und heftig. Dann bleibt er stehen, beugt sich nach vorne und ruft: »I AM SO SORRY, MISTER MEMPHIS! I AM SO SORRY! YOU ARE NOT A COWARD! PLEASE! DON'T LEAVE ME ALONE IN FUCKING GERMANY! I AM SCARED OF THEIR DISZIPLIN UND TEKNOLOGIE! THEY WILL KILL ME A SECOND TIME!«

Er richtet sich wieder auf und lacht schon wieder. Beide quarzen wir, während wir weitergehen. Seit zehn Jahren nicht mehr geraucht. Ich liebe es.

»Oh, that looks like a Scottish guesthouse.«

Wir stehen am Hoftor des weißen Hotels Hullerbusch, dessen Eingang von zwei lässig daliegenden weißen Hirschen bewacht wird.

»Do you think there are Scottish bulkheads staying in there?«

»No, I don't think so. Probably nobody from Scotland has ever heard of it. The guests of the hotel are mostly Prussians from Berlin.«

»Holy Moly! Prussian warmongers? Fuck! Let's run! They will start the Third World War!« Er kichert und bleibt stehen, schaut das kleine, feine Hotel an. »The doctor who saved me in 2013 was from Berlin. Great guy! We were friends. Till the end. – *In my life the times have changed, I'm still the man I was. I don't want to hear your fairy tales. All I know is who I am, I'll never let you down. The last one you can trust, until the end, until the end!*«, singt er fragil in die Weite der Mecklenburger Stille.

Wir stehen jetzt am Waldrand. Hohe Bäume und weites Feld geben sich hier die Hand. Tausend Jahre alte Steine liegen wie schlafende Zwerge herum. Alles ist grün, Mittagshitze liegt über der

Stille. Sie sengt und flimmert, und die Schafe verstecken sich im Schatten der hohen Buchen.

»It looks like Wales in the fifties. Fuckin' nature – thank you for teaching me to be alone. I've loved to be alone. Most people say that you're an idiot if you like being alone. But I'm not an idiot. And neither are you. Thus I have proved that they are the idiots.« Er reicht mir die Hand, als würden wir einen Vertrag unterzeichnen, und schlägt die Hacken zusammen. »Herrzliiche Glükkwunsh!« Wieder kichert er heiser. Er redet sehr schnell, sehr pointiert. »You should host a huge festival here. Like Wacken! The fields are great for the concerts, the hotel is great for the aftershow and the forest is great for the show after the aftershow.«

»And when it's too hot, you can cool down in the lakes.«

»I don't like swimming. Where is the ferryman? I am thirsty.«

»This way! We had a huge party here a long time ago. I was fourteen years old. The shepherd arranged the biggest rock party in the area. It was secret, wild and exciting.«

»Why? Did you kill a deer?«

Kichernd kraxeln Lemmy und Charles die Stufen zur Luzinfähre hinunter.

63

Ich erzähle von Fürchtegotts Einladung, die ein generationsübergreifendes Friedensangebot darstellte, von über hundert Rockerinnen und Rockern, Punkerinnen und Punks, die um ein riesiges Feuer herumtanzten und quatschten und unzählige Hektoliter Bier schlürften, erzähle ihm von den 33 Zelten, die sich im Laufe der Nacht als 33 Liebesnester erwiesen, und ich erzähle ihm von Lady Anne. Davon, wie sie auf der improvisierten Tanzfläche am Feuer plötzlich neben mir auftauchte, mit mir auf und ab sprang, wie wir gemeinsam unsere Haare schüttelten, um schließlich mit dem Gehüpfe aufzuhören, um nur noch dazustehen und zu schmusen. Und schließlich auch davon, wie wir, als der aus Berlin angereiste weitsichtige DJ Tante Tom Motörheads »Shine« auflegte, gemeinsam in einem der Zelte verschwanden und der Kindheit »Good bye!« zuriefen, während aus den Boxen tönte:

Wait and see, I'm a real good lover
Can't judge a book by the cover
Und die Sonne sprach zum Mond:
»Hey, kleiner Freund, so fern,
bist mein liebster schönster Stern,
sollst nie wieder traurig sein.«
I'm gonna make you shine!

64

»That sounds like the rock 'n' roll we lived. It's Saturday, you have to go out, drink some good and some bad alcohol and you don't leave the night alone.«

Wir sitzen bereits in der Fähre. Timtim der Fährmann dreht am großen Rad und lässt die Fähre gemächlich zum anderen Ufer treiben. Er trägt wie immer seinen großen Strohhut, ist sehr aufgeregt und starrt rätselnd Lemmy an.

»I did that my whole life. And the best way to do it is playing in a rock 'n' roll band. It's just so much easier, 'cause every good gig is a great rock 'n' roll party at the same time. Did you ever play in a band?«

»In high school he played in a band. He was the bass player«, entert Timtim überambitioniert unser Gespräch.

Überrascht schaue ich ihn an. Ich hätte gar nicht gedacht, dass er das überhaupt weiß, aber er hat recht.

»Yes, he's right. But the band dissolved quickly. And then, in the beginning of the nineties, it was not very easy to find people who would have liked to play in a punk or metal band with me«, vervollständige ich die kurze Geschichte meiner früh gescheiterten Musikerkarriere.

»Oh yes. The nineties. Berlin was raving. You should have moved to Seattle or California. But what did you do instead? You became a thief!« Und wieder lacht Lemmy, und natürlich raucht er schon wieder.

»In a way I became a thief, that's true!«

»Without rock 'n' roll, I would have become one, too. But I had my band! That saved me for the rest of my fucking life! I could do what I wanted.«

»He became an actor here in Germany«, gibt Timtim der Fährmann zum Besten und zeigt auf mich.

»Holy vicar! An actor. Isn't that fruitfully boring? It's the opposite of rock 'n' roll. They knock at your door in the middle of the night to pick you up, then you have to wait the whole day but you can't do anything, just to tell you in the evening that they don't need you today, but they'll definitely need you tomorrow. That's the bag you're in. You have to leave. Life is short.«

»Theatre can be different. The shows, the audience, the rehearsals, it can all be great fun. And sometimes it feels like a family.«

»I never liked rehearsals. Fast and loose! That's the way!«

»I agree. That's how I like it best, too.«

Die Fähre erreicht die Luzinhalle. Ich begrüße Jensen den Taucher, der hier sein Geld mit kellnern verdient.

»Na, Charles, lange nich jesehn!«

»Da sagste was. Wie geht's?«

»Na weißt ja. Schlechten Leuten jeht's immer jut! Wat kann ik bring'n?«

»Mach doch mal zwei Jack & Coke mit Eis für uns!«

»Mach ik!«

Lemmy hat schon einen Platz mit Blick auf den

Schmalen Luzin ausgesucht und sich hingesetzt, die weißen Stiefel auf dem Geländer.

<h2 style="text-align:center">65</h2>

»What was the first Motörhead song you heard?«

»The Hammer!«

»That's a fantastic piece. Really fast. We were much faster than all the other metal bands at the time. That's why the punks loved us. I loved some of them, too. The Damned, the Sex Pistols. The Ramones were the best rock 'n' roll band in the world. They were just excellent! The chords, the solos! Excellent! But the greatest band of all time were the Beatles, without any competition.«

Ich nehme einen besonders großen Schluck vom Jack & Coke, den Jensen mittlerweile serviert hat.

»Okay, Lemmy, I have to confess something: The Beatles don't rock me.«

Er zieht an seiner Zigarette. »They changed the world. It was like an earthquake. They grabbed us and turned us through the shortage. Absolutely perfect, great musicians and extremely funny guys.«

Ja, das sind diese Worte, die ich seit Jahrzehnten immer wieder über die vier Liverpooler Matrosenkinder gesagt bekomme.

»But look, you're shaped by the music that blows you away first. That's your cornerstone for the rest of your life! Which music blew you away first?«

»You and AC/DC, that's my cornerstone.«

»Holy Grail! What happened to you?« Er kichert und trinkt seinen Jack & Coke leer.

»My parents loved German hit music.«

»We did a good job rescuing you from that. It's been a pleasure!«

Jensen bringt die zweite Runde Jack & Coke.

»The main purpose of music is to blow you away. That's all! When you listen to music like that, it gives you life and you are stronger than before. Do you know MC5?«

»Of course! Sensational.«

»Yes! They were! They blew me away, too! And because of that I wanted Motörhead to sound like them. I got a big kick out of that jam!«

Die Gifte wirken, und wir driften ab in eine leidenschaftliche Schwärmerei über Rock 'n' Roll als Fluchtpunkt, als Rebellion und als absolutes Freiheitsideal. Lemmy singt leise einige Zeilen seines Songs »Rock out«, die passen wie die Faust aufs Auge: *»Hear the music coming, loud as you can stand, you will never be the same again!«*

Er kichert und schmeißt eine weitere Runde Zigaretten.

»Rock 'n' roll means feeling six feet taller and wanting to dance on your hands«, zitiere ich ihn, und er fügt hinzu:

»It makes you feel invincible!«

Das hochsommerliche Jack-&-Coke-Fieber bringt all den herrlichen Rock-'n'-Roll-Kitsch zum Flirren. Die Sonne lässt die Köpfe glühen. Meinen zumindest. Lemmys ist ja nur ein Hologramm.

Jensen bringt eine Runde nach der anderen, und während des fünften Jack & Coke beginne ich, Lemmy von meinem musikalisch schwierigen Vater-Sohn-Verhältnis zu erzählen und mich darüber zu beklagen, dass der Vater von Schlager und Gute-Laune-Musik Gänsehaut bekam.

»Don't forget! The damn war destroyed his childhood and he only wanted one thing: peace«, krächzt Lemmy küchenpsychologisch in mein Ohr, und ich finde Frieden in seinen Worten.

Und dann stoßen wir mit den letzten Tropfen des sechsten Jack & Coke auf eine weise Erkenntnis an, zu der wir zuvor gemeinsam gelangt sind.

Zuerst hat Lemmy gesagt: »There is music that fucks you away from the first second and then you're addicted for the rest of your life.«

Und diesen schönen Satz habe ich dann mit folgender Aussage ergänzt, sinngemäß: Wenn du verstehen willst, was vor einer musikalischen Rebellion der jeweilige Standard war – Was war vor Elvis? Was war vor Sinatra? Was war vor Schönberg, was vor Bach? –, dann kann dich auch im späten Adoleszenzalter von beinahe fünfzig auf einmal Musik weghauen, die du bisher verteufelt oder ignoriert hast. Dann vereinen sich Apollon und Dionysos, Memphis und Luzifer auf derselben Sinnesrauschparty, und die Wirklichkeit ist nur noch die Bühne einer niemals endenden Weltenflucht, auf der Schubert, Mozart und Jacques Brel neben Brian Johnson und John Lennon sitzen, und dass Gustav Mahler Heavy Metal ist, wissen wir doch eh schon gefühlt seit einer Ewigkeit.

Nur Modern Talking, da müsste man noch mal reden, gebe ich zu bedenken, und Lemmy antwortet rauchend: »That couldn't ever be rock 'n' roll, because it was only a fucking business.«

Und mit dieser Aussage können wir das Kapitel getrost beenden.

66

Die Sonne steht immer noch hoch am Himmel, und Lemmy und ich kriegen die siebte runde Jack & Coke mit Eis hingestellt.

Ich sehe, wie am anderen Ufer die Fähre ablegt, sie kommt aber nicht gemächlich herüber, wie man es kennt, sondern gibt ein übernatürliches Vorspul-Geräusch von sich und braucht nur wenige Sekunden, bis sie mit stürmischem Aplomb auf unserer Seite anlegt. Timtim sitzt bleich im Heck der Fähre, und am riesigen Rad steht Memphis der Gehörnte und ruft uns mit mächtiger Stimme zu:

»Lemmy! Time to leave. It' 6 p.m.«

»Right now?«, fragt Lemmy.

»Right now!«, antwortet der Deibel.

Lemmy muss grinsen. »That is the big difference to the world of the living. In death there are rules, there is nothing you can do about it. No drinks, no speed, no nothing at all.« Er lacht und erhebt sich.

»Ist doch erst sechs!«, wende ich ein. Ich hatte mir noch deutlich mehr von dieser surrealen Begegnung erhofft.

»Sechs Uhr schließt dat Tor!«, stellt Memphis fest.

»This has been an iron law forever«, grinst Lemmy. »They're fucking conservative down there. But you know, there's a gap in every system. If you find it, you can trick it. And rock 'n' roll is always the gap.« Er schaut mich bedeutungsvoll an. »Sir Charles. It was nice here. I should have come earlier!«

»Yeah, that would have been something«, grinse ich und stelle mir vor, wie er samstagabends in unser Juri einmarschiert wäre, während der Rockerrunde. Natürlich hätte er nicht mitgezappelt. Er hätte sich an den Tresen gestellt und sich gewundert, dass es keinen Jack & Coke gab. Vermutlich hätte dann irgendwer versucht, ihm Pfeffi anzudrehen.

Er klettert über das Geländer auf die Fähre. »Hey, Memph. Let's give him a hellish farewell!«

Memphis grinst und jagt die Fähre mit einem Höllentempo in die Mitte des Sees. Timtim der Fährmann hat sich auf den Boden gelegt. Lemmy und Memphis steigen auf die beiden Außenwände und fangen lachend an, hin und her zu wippen. Die kleine Fähre kommt ordentlich ins Schaukeln, das Wasser türmt sich auf beiden Seiten zu Wellen auf, und mit einem Schnipser seiner Krallen lässt Memphis »Thunder & Lightning« erklingen, während das opulente Wasserspiel seinen Zauber entfaltet.

Als ich den Song zum ersten Mal hörte, im Auto auf dem Weg zu irgendeiner Arbeitsstelle bei Film, Fernsehen oder Theater, war ich begeistert, dass auch die sehr späten Motörhead mit ihrer Musik einfach weiter nach vorne marschierten. Vor allem nach all den Gerüchten um Lemmys Verfassung. Viele Fans hatten sich gefragt, ob es überhaupt noch eine neue Motörhead-Platte geben würde. Doch »Bad Magic« kam, kroch ins Ohr und war vom ersten Takt an berauschend.

Standing on stage, promises made, under the blade, scratching and biting. Maybe you'll die, maybe you'll fly, fire in the sky, thunder and lightning, thunder and lightning! – Es ist einer der unzähligen Songs, in denen Lemmy anscheinend einfach erzählt, was ihm gerade durch den Kopf geht. Es ist die gleiche Zielstrebigkeit, die mich bei Charles Bukowski begeistert. Keine überflüssige Metapher, kein Kitsch, kein Budenzauber. Für den Zauber ist die Band verantwortlich. Sie bläst die Wut der einfachen Statements durch die Verstärker und macht daraus ein Gewitter. Mit Wucht, Wonne, Witz und Weisheit!

Memphis und Lemmy schaukeln sich heiter durch den Abschiedssong, das Wasser bildet einen Wall um die Fähre. Die Wellen fangen an, im Kreis zu strudeln, zu verschmelzen, und als im Refrain zum letzten Mal *Thunder and lightning!* gebrüllt wird, verschwinden die Wasserfontänen mit Lemmy und dem Teufel in den Tiefen des Schmalen Luzins, während die Fähre weiter heftig schaukelt und Timtim der Fährmann hektisch versucht, sie wieder unter Kontrolle zu bringen.

Alles nur ein Spiel! Aber es bedeutet mir so viel!

Das sanfte Glühen von sieben Jack & Coke auf Eis und das saftige Brennen der frei stehenden Abendsonne über dem See verschaffen mir eine vergnügliche Schwere. Was für ein wundervoller Tag!

Wie nach einem durchfeierten Wochenende spüre ich dem Erlebten nach, döse abwesend vor mich hin.

Auf Memphis war wieder mal Verlass.

Was kann ich froh sein, dass er mir damals die AC/DC-Platte vor die Füße geworfen und dass Donner mich gefragt hat, ob ich auch ein Bier haben möchte. Sonst hätte ich Lennz wohl nie nach Snaggletooth auf seinem Shirt gefragt und er hätte mir vermutlich nie die Kassette gegeben, die für mich alles verändert hat.

Wer wäre ich geworden, hätte ich mich mit Modern Talking, Tina Turner oder Phil Collins arrangieren müssen? Ich will das gar nicht überstrapazieren. Es ist ja anders gekommen.

Motörhead ist für mich gleichzeitig Rettungsanker und Rakete im Arsch, und ein Abstandhalter zwischen der Welt und mir.

Doch wie soll ich das, was ich heute erlebt habe, bloß zusammenfassen? In der Kürze liegt die Würze, schreit mein Kalauerhirn und will es sich natürlich einfach machen, aber es hat recht! Denn die Songs von Motörhead sind allesamt kurz und knackig. Deshalb hänge ich mich todesmutig aus dem Fenster meiner kleinen Bimmelbahn namens Leben und schreie laut in die Welt:

»HÖRT EUCH DAS BASS-SOLO
IN ›STAY CLEAN‹ AN!
30 SEKUNDEN LEBEN, LIEBE, TOD!
30 SEKUNDEN COOLNESS!
30 SEKUNDEN FÜR DIE EWIGKEIT!
DAS IST ROCK 'N' ROLL!
DAS IST MOTÖRHEAD!«

Und damit ist dann auch alles gesagt.

Gesagt, getan!

Mein Telefon klingelt.

It's her! My love!

»Na! Bist du fertig?« Ihre warme Stimme streichelt mein wundes Hirn.

»Ja! Memphis und Lemmy sind grad los.«

»Lemmy?«

»Ja, Memphis hat es echt fertiggebracht, den Käpt'n hierherzuschleusen.«

»Das ist doch super! Was Besseres hätte dir ja gar nicht passieren können, oder? Und wie war das?«

»Sehr lässig, sehr schön.«

»Hat er dir was vorgekrächzt?«

»Nö, aber leise gesungen hat er schon, wenn auch mehr für sich selbst, glaube ich.«

»Und mehr nicht?«

»Doch! Wir haben über Rock'n'Roll geklönt, warum es ihn braucht, warum er so schön ist, warum man ihn vermisst.«

»Na ich glaub, man vermisst ihn nur, wenn man sich nicht verändern will und Angst davor hat, die Jugend hinter sich zu lassen. Und dann wird's erbärmlich. Rock'n'Roll ist doch Veränderung! Rock'n'Roll soll doch das, was da ist, weghauen und Platz machen für was anderes, was Neues. Damit die Beine tanzen und die Herzen rasen. Du bist mein Rock 'n' Roll. Wann bist du denn hier? So in drei Stunden?«

»Ähm, nee! Wir haben hier bei Jensen in der Luzinhalle einige Jack & Coke geschlürft.«

»Ah, verstehe. Dann komme ich zu dir! Bin in drei Stunden da. Okay?«

»Fantastisch.«

»Und bestell mir schon mal ein Störtebeker.«

»Gebongt!«

Sie legt auf.

69

Wie gut, das sich diese Walkman-Idee damals durchgesetzt hat. Ich setze meine Kopfhörer auf und beende die Reise ins Innere meiner musikalischen Welt mit dem Song »Overkill«:

Only way to feel the noise is when it's good and loud – Dieses grandiose Grand-Guignol-Speed-Punk-Metal-Ungetüm ist bis heute mein absolutes Lieblingsstück.

Die Nummer eins!

Die wilde Fracht eines apokalyptischen Gewitters, in welchem die Gitarre endlose Blitztiraden speit und der Gesang wieder und wieder wie das letzte Rufen eines Ertrinkenden schallt, auf hoher stürmischer See.

Ich klettere über das Geländer der Terrasse, blinzele in die Sonne und springe kopfüber ins Wasser. Der Schmale Luzin ist der sauberste See in Mecklenburg. An Tagen wie diesen kann man bis zum Grund schauen. Und der Luzin ist tief. Ich beginne zu tauchen. Seit meiner Kindheit habe ich mir vorgestellt, wie es wäre, runter bis zum hell erleuchteten Grund des Sees zu schwimmen. Es heißt, hier lägen Fahrräder, Mopeds, Koffer und sogar die alte Fähre, die untergegangen ist.

So good I can't believe it, screaming with the crowd – Ich finde tatsächlich ein altes Schrottfahrrad. Völlig verrostet schimmert es durch die Sonnenstrahlen, die bis hier runter reichen. Als ich versuche, es zu bewegen, rutscht es an einem grün bealgten Stein weiter in die Tiefe. Ich tauche hinterher. Meiner Lunge geht es gut. Beim letzten Test hatte ich volle Punktzahl.

Das Fahrrad verschwindet. Ich tauche hinterher, vorbei an einem alten Kinderwagen und einer schwarzen Metallbox, die noch ganz neu aussieht. Was da wohl drin ist?

Es wird jetzt dunkler und kälter und langsam ist meine Luft aufgebraucht, bilde ich mir ein.

Da finde ich tatsächlich die alte Seilfähre. Sie war das große mystische Rätsel meiner frühen Kindheit.

Der Mann mit Bart und Schiffermütze, der die Kurbel drehte, die ewige Kurbel des Lebens. Er stand aufrecht und drehte sie einarmig. Der einzige Weg ins Städtchen war damals die Fähre. Und er war der Mann, der uns aus dem Wald in die Welt brachte. Der Fährmann!

Und nun liegt sie hier. Das alte Kurbelrad rostet. Sanft wiegendes Unterwassergras umzingelt den guten alten Kahn.

Shake your head, you must be dead if it don't make you fly – Ein Schimmer flackert zwischen den Speichen. Reichen die Sonnenstrahlen etwa so tief ins Wasser? Ich drehe mich um und blinzele nach oben. Da ist kein Licht mehr. Ich bin in dunkelster Tiefe.

Ich drehe mich wieder um, und der Schimmer

ist nun ein Lichtstrahl, der mich blendet. Ich tauche ihm entgegen. Hier wird es trüber und trüber, bis in einiger Entfernung ein gedämpfter roter Schein zu sehen ist. Er wird immer größer, je näher ich tauche. Ein Spalt im graugrünen Steingeröll wird sichtbar. Es ist die Tür eines gesunkenen Fahrgastschiffes, scheinbar aus den frühen Fünfzigern. »Käpt'n« steht auf dem milchigen Glas der Tür, die ich jetzt sanft aufschiebe.

Mir fällt auf, dass sich meine Atemprobleme einfach aufgelöst haben. Kein Druck mehr, nur noch Neugier!

Die Tür öffnet sich, ich tauche hinein und gerate in eine tanzende Unterwasser-Menschenmenge, es ist eine einzige unübersehbare Jig.

Yes!

The good old jig!

Habt ihr mal eine Jig getanzt? Ich seinerzeit auf Inishmore an der Westküste Irlands in der Hafenkneipe von Kilronan. Zwei Reihen, je 7 Männer und 7 Frauen. Daneben standen drei Herren mit Trommel, Fidel und Gitarre, trieben ihren Spaß mit uns, immer schneller und schneller, sodass wir wie rasende Derwische kreiselten und hinfielen, aufsprangen und weitertanzten. Betrunken, lachend, alt und jung zerflossen wir im Irish Folk, so wie hier am Grunde des Schmalen Luzins eine illustre Menge im »Overkill« zerfließt.

Don't sweat it, get it back to you!

Spielt die Band etwa hier unten?

Mit dem aufheulenden Solo von »Fast« Eddie Clarke werde ich in den Tanzstrudel reingezogen.

Lemmy kommt mir entgegen und hakt sich bei mir ein, weiter hinten im Getümmel entdecke ich ein Drumset und sehe, wie Motörhead-Drummer Phil »Animal« Taylor wuchtig die Bassdrums tritt und alle Becken zum Rasseln bringt. Daneben steht »Fast« Eddie, neben den jetzt Würzel und Jimi Hendrix treten, die das zweite furiose Solo nun multitonal verzerren. Eine langhaarige wilde Furie entpuppt sich als Janis Joplin, an ihrer Seite Kurt Cobain. Sie lachen. Billie Holiday, Kelly Johnson von Girlschool, John Lennon, Rimbaud, Rio Reiser und die Ramones – wir alle tanzen im Kreis um einen herrlich veralgten Flügel herum, an dem Nina Simone die kreischenden Töne von Eddies drittem Solo unnachahmlich singend unterstützt und in die Höhe treibt.

An meinem rechten Arm hakt sich ein älterer Herr ein. »Welcome home, my dear!«

Ich glaube ihn zu erkennen und antworte: »Mr Beckett? Is that you?«

»Yes, that's me. Welcome to the Pleasuredome! Just enjoy it for the rest of all time!«

Samuel Beckett tanzt die Jig so perfekt wie kein anderer hier.

Ich befinde mich nun also zwischen Lemmy auf meiner linken und Beckett auf meiner rechten Seite, und unter mir sehe ich, wie sich am Fuße des Schiffes Wladimir Wyssozki und Aljoscha Rompe aus der Reihe lösen und einen trunkenen Säbeltanz aufführen, sie bewegen sich wie sieben Seepferdchen.

»Philthy« Taylor zieht das Tempo noch einmal an, und die zahllosen guten Geister schwimmen, sich magisch umeinander drehend, alle in dieselbe Richtung. Ich lasse mich mit dem Schwarm treiben, in einen Echoraum im Irgendwo.

Dunkelblau und Feuerrot!

Die Rhythmen schleudern mich hin und her! Hier war ich schon mal. Das kenne ich doch. Das ist es! Wir sind im Kesselmoor. Der unheimliche

Schlund des Kesselmoores ist die Pforte zur seelenreichsten Dauerparty der Welt, zum größten Speed-Punk-Metal-Rave des Universums, zur zartesten und wildesten Rumtreiberei der Ewigkeit.

Hier bin ich Mensch.

Hier darf ich's sein.

70

»Ey, Charles! Willst du noch wat? Sonst würd ik dichtmachen.«

Jensen der Taucher schüttelt mich an der Schulter. Ich öffne meine verklebten Äuglein und richte mich im Stuhl auf.

»Hast voll den Sonnenbrand gekriegt!«

Er setzt sich zu mir und isst eine Bockwurst mit Senf.

Die Sonne ist mittlerweile irgendwo bei Inishmore im Atlantik versunken, und die Mücken schwirren um die 70 Jahre alte Außenlampe der Luzinhalle.

»Wie alt ist Lemmy geworden?«, frage ich Jensen.

»70!«, sagt er.

Wir schweigen und starren auf den See.

»Ist doch herrlich hier, wa?«, frage ich Jensen, den kellnernden Taucher.

»Ja, besser geht's nicht!«, sagt er kauend.

»Mach doch bitte noch drei Jack & Coke!«, raune ich sinnierend.

Er grinst und nickt.

Der Dank gilt
meinem Lektor Christian Neidhart,
Lina & Karl, Helge, Maggy,
Haiko & Anja,
Eoin, Rico, Ulrike & Thomas,
Kerstin Gleba & dem Team des
Verlages Kiepenheuer & Witsch,
der Agentur Britta Imdahl,
Silvia Schumacher PR,
Kristine Meierling & ROOF Music
und
Motörhead.

Copyright-Verzeichnis

MUSIK
KiWi
BIBLIO
THEK

TINO HANEKAMP über **NICK CAVE**

SOPHIE PASSMANN über **FRANK OCEAN**

ANJA RÜTZEL über **TAKE THAT**

THEES UHLMANN über **DIE TOTEN HOSEN**

KLAUS MODICK über **LEONARD COHEN**

LADY BITCH RAY über **MADONNA**

FRANK GOOSEN über **THE BEATLES**

CHILLY GONZALES über **ENYA**

ANTONIA BAUM über **EMINEM**

MARKUS KAVKA über **DEPECHE MODE**

MELANIE RAABE über **LADY GAGA**

WOLFGANG NIEDECKEN über **BOB DYLAN**

CHARLY HÜBNER über **MOTÖRHEAD**

HELENE HEGEMANN über **PATTI SMITH**

KRISTOF MAGNUSSON über **PET SHOP BOYS**

THOMAS MELLE über **BEASTIE BOYS**

SUSANN PÁSZTOR über **GENESIS**

Verlag Kiepenheuer & Witsch, FSC® N001512

2. Auflage 2022

© 2021, Verlag Kiepenheuer & Witsch, Köln
Alle Rechte vorbehalten.
Covergestaltung FAVORITBUERO, München
Autorenfoto © Peter Hartwig
Gesetzt aus der Calluna und der Acre Bold
Satz Buch-Werkstatt GmbH, Bad Aibling
Druck und Bindung CPI books GmbH, Leck
ISBN 978-3-462-00135-8

Selten wurde so leidenschaftlich über Musik geschrieben, selten so eindrücklich über den Effekt, den diese auf einen Jugendlichen haben kann – ein Effekt, der nachwirkt und sich immer wieder neu entfaltet. Dieses Buch ist eine Schatzkiste voller Erinnerungen und Anekdoten eines Lebens, für das der Frontmann der lautesten Band der Welt seine berühmten Weisheiten geschrieben haben könnte. Ob als Jugendlicher in der Dorfdisco, wenn das erste Mal »The Hammer« gespielt wird, oder bei der Party nach einer Filmpremiere – immer ist Motörhead als Soundtrack dabei.

Charly Hübner, geboren in Mecklenburg, ist einer der bekanntesten Schauspieler Deutschlands. Er ist am Schauspielhaus Hamburg tätig sowie regelmäßig in Film- und Fernsehproduktionen zu sehen. Für seine Arbeit erhielt er zahlreiche Auszeichnungen, darunter die Goldene Kamera, den Grimme-Preis, den Gertrud-Eysoldt-Ring und den Ernst-Lubitsch-Preis. 2018 trat er mit »Wildes Herz« als Regisseur in Erscheinung und wurde auch dafür mit mehreren Preisen geehrt. Zurzeit arbeitet er an der Verfilmung von Thees Uhlmanns Roman »Sophia, der Tod und ich«. »Charly Hübner über Motörhead« ist sein erstes Buch. Er lebt in Hamburg.